电子商务
短视频策划、拍摄、制作与运营

胡雪梅 编著

清华大学出版社
北京

内容简介

对于没有接触过短视频创作的用户来说，如何才能够进入短视频创作领域呢？本书依据互联网营销、电子商务等相关职业岗位特点，全面介绍从电商短视频创作的基础理论，电商短视频的前期策划、素材拍摄，到后期使用移动端和PC端视频剪辑软件对素材进行剪辑处理，以及电商短视频运营的相关知识，使读者能够轻松掌握电商短视频的创作。

全书共分为7章，包括了解电商短视频，电商短视频策划，图片与视频素材拍摄，使用"抖音"制作短视频，使用"剪映"制作短视频，使用Premiere制作短视频，电商直播营销等内容。

本书配套资源不但提供了本书所有实例的源文件和素材，还提供了所有实例的多媒体教学视频，以帮助读者轻松掌握电商短视频的编辑制作方法，让新手从零起飞。

无论是自媒体新手、电商卖家，还是有一定经验的视频制作者，都可以从本书中获益。另外，本书也适合短视频爱好者、新媒体达人等学习和参考。

本书封面贴有清华大学出版社防伪标签，无标签者不得销售。

版权所有，侵权必究。举报：010-62782989，beiqinquan@tup.tsinghua.edu.cn。

图书在版编目（CIP）数据

电子商务短视频策划、拍摄、制作与运营/胡雪梅编著.—北京：清华大学出版社，2024.2
ISBN 978-7-302-65455-1

Ⅰ.①电… Ⅱ.①胡… Ⅲ.①网络营销 Ⅳ.①F713.365.2

中国国家版本馆CIP数据核字（2024）第043296号

责任编辑：张　敏
封面设计：郭二鹏
责任校对：胡伟民
责任印制：丛怀宇

出版发行：清华大学出版社
　　　网　　　址：https://www.tup.com.cn，https://www.wqxuetang.com
　　　地　　　址：北京清华大学学研大厦A座　　邮　编：100084
　　　社　总　机：010-83470000　　　　　　　邮　购：010-62786544
　　　投稿与读者服务：010-62776969，c-service@tup.tsinghua.edu.cn
　　　质　量　反　馈：010-62772015，zhiliang@tup.tsinghua.edu.cn
　　　课　件　下　载：https://www.tup.com.cn，010-83470236
印 装 者：涿州汇美亿浓印刷有限公司
经　　销：全国新华书店
开　　本：170mm×240mm　　　印　张：13　　　字　数：370千字
版　　次：2024年4月第1版　　　印　次：2024年4月第1次印刷
定　　价：89.00元

产品编号：090150-01

前言

内容消费的形式正在从文字、图片向短视频转化。各种电子产品、美妆与洗护用品、家电产品、食品等在短视频平台上的走红,让各品牌电商感受到了短视频的带货能力。

短视频具有播放时长短、创作门槛低、直观性好、社交互动强等优势,在短视频中投放产品或品牌广告,能够减少观众对广告的排斥,更容易促进商品成交。面对这样的趋势,很多想要进入短视频行业的电商却苦于不知道该如何下手,本书正是为了满足这一需求编写的。

内容安排

本书从实用的角度,全面、系统地讲解了电商短视频的策划、拍摄、后期制作与运营的理论知识和实践操作方法。本书共分为 7 章,具体内容安排如下。

第 1 章 了解电商短视频,介绍短视频内容创作的相关基础知识,包括什么是短视频、电商短视频营销、内容创作要素、短视频营销的优势、短视频制作流程、短视频行业发展方向等内容。

第 2 章 电商短视频策划,介绍电商短视频策划的相关基础知识,包括短视频内容规划、电商短视频的定位、电商短视频的内容要求、打造爆款电商短视频、不同类型短视频的内容策划等内容。

第 3 章 图片与视频素材拍摄,讲解电商图片与视频拍摄的相关知识,包括素材拍摄相关设备、拍摄的原则与要点、画面的结构元素、画面的色彩、画面的构图方法、拍摄运镜方式和拍摄场景布置等内容。

第 4 章 使用"抖音"制作短视频,以最火的"抖音"短视频平台为例,讲解电商短视频的拍摄、剪辑与效果处理以及短视频封面的设置和短视频发布等相关内容,使读者能够理解并掌握电商短视频拍摄与效果剪辑的方法和技巧。

第 5 章 使用"剪映"制作短视频,介绍手机中常用的短视频剪辑软件"剪映"App,它是"抖音"官方的全免费短视频剪辑处理应用,为用户提供了强大且方便的短视频后期剪辑处理功能,并且能够直接将剪辑处理后的短视频分享到"抖音"和"西瓜"短视频平台。

第 6 章 使用 Premiere 制作短视频,介绍 Premiere 软件的基本操作方法以及各部分重要的功能,重点在于使读者能够掌握使用 Premiere 对短视频进行后期编辑处理以及制作特效的方法。

第 7 章 电商直播营销,介绍有关电商直播的相关知识,包括直播的概念、电商直播营销的特点和问题、电商直播营销策略、直播前的准备工作、直播间视觉设计和直播间灯光设计等相关内容。

本书特点

本书与市场上的同类图书相比,在内容的安排与写作上具有以下特点:

1. 内容全面实用

本书立足于短视频的实际应用操作,从短视频的策划到前期素材拍摄,到短视频的后期剪辑制作,再到后期营销推广,结构非常清晰,便于阅读和学习。

2. 理论与实践相结合

本书内容采用"理论知识+实践操作"的架构详细介绍了电商短视频策划、拍摄、剪辑制作和营销推广,讲解循序渐进,帮助读者更好地理解理论知识,提升实际操作能力。

3. 图解教学,资源丰富

本书采用图文相结合的方式进行讲解,以图析文,突出"以应用为主线,以技能为核心"的编写特点,体现"学做合一"的思想。同时,本书还提供了丰富的案例源文件、视频教程、教学PPT等立体化配套资源,帮助读者更好地学习并掌握本书所讲解的内容,读者扫描下方二维码即可获取相关资源。

本书配套资源

本书适用范围

本书适合短视频爱好者、电商,以及想要进入短视频行业的新媒体相关从业者,也适合有一定短视频剪辑和运营经验的自媒体创作者学习和借鉴。

本书作者

由于时间较为仓促,书中难免有疏漏之处,在此敬请广大读者朋友批评、指正。

编 者

目 录

第1章 了解电商短视频 ... 001
1.1 认识短视频 ... 001
1.1.1 什么是短视频 ... 001
1.1.2 主流的短视频平台 ... 001
1.1.3 短视频的创作方式 ... 003
1.2 短视频营销 ... 004
1.2.1 了解短视频营销 ... 004
1.2.2 核心目标 ... 005
1.2.3 内容策划 ... 005
1.2.4 短视频营销的作用 ... 006
1.3 内容创作要素 ... 007
1.3.1 吸睛标题 ... 007
1.3.2 画质清晰 ... 008
1.3.3 给用户提供价值或趣味 ... 008
1.3.4 掌控音乐 ... 008
1.3.5 注重细节打磨 ... 008
1.4 短视频营销的优势 ... 008
1.4.1 传播性 ... 009
1.4.2 低价性 ... 009
1.4.3 可视性 ... 009
1.4.4 持续性 ... 010
1.4.5 互动性 ... 010
1.4.6 精准性 ... 011
1.5 短视频制作流程 ... 012
1.5.1 项目定位 ... 012
1.5.2 剧本编写 ... 012
1.5.3 前期拍摄 ... 012
1.5.4 后期制作 ... 013
1.5.5 发布与运营 ... 013
1.6 短视频行业的发展方向 ... 013
1.6.1 新内容 ... 013
1.6.2 新产业 ... 014
1.6.3 新生态 ... 015
1.7 本章小结 ... 015

第2章 电商短视频策划 ... 016
2.1 短视频内容规划 ... 016
2.1.1 哪些商品更适合做短视频 ... 016
2.1.2 电商短视频如何才能吸引用户 ... 017
2.1.3 竖屏和横屏的选择 ... 017
2.1.4 促进商品销售的核心 ... 018
2.2 电商短视频的定位 ... 018
2.2.1 细分用户画像，定位目标群体 ... 019
2.2.2 电商短视频内容方向 ... 019
2.2.3 策划电商短视频选题库 ... 021
2.2.4 检查短视频选题是否合适 ... 022
2.3 电商短视频内容要求 ... 023
2.3.1 电商短视频内容规范 ... 024

- 2.3.2 单品型短视频内容要求 025
- 2.3.3 内容型短视频内容要求 025
- 2.4 打造爆款电商短视频 026
  - 2.4.1 商品展示要让用户秒懂 026
  - 2.4.2 找到消费者关心的问题 026
  - 2.4.3 清晰表达商品核心卖点 026
  - 2.4.4 短视频脚本写作方法 027
- 2.5 不同类型短视频的内容策划 028
  - 2.5.1 幽默喜剧类 028
  - 2.5.2 生活技巧类 028
  - 2.5.3 美食类 029
  - 2.5.4 时尚美妆类 031
  - 2.5.5 科技数码类 031
  - 2.5.6 Vlog 类 032
  - 2.5.7 开箱测评类 033
- 2.6 本章小结 033

第3章 图片与视频素材拍摄 034

- 3.1 素材拍摄相关设备 034
  - 3.1.1 基础拍摄器材 034
  - 3.1.2 拍摄辅助器材 035
  - 3.1.3 灯光设备 037
  - 3.1.4 商品拍摄道具 038
- 3.2 拍摄的原则与要点 039
- 3.3 拍摄运镜方式 040
  - 3.3.1 拍摄角度 040
  - 3.3.2 固定镜头拍摄 041
  - 3.3.3 运动镜头拍摄 042
- 3.4 拍摄场景布置 043
  - 3.4.1 搭建小型摄影棚 043
  - 3.4.2 室内场景布置 044
  - 3.4.3 户外场景选择 044
- 3.5 拍摄画面的色彩 045
  - 3.5.1 色彩的基本属性 045
  - 3.5.2 色彩的造型功能 045
  - 3.5.3 色彩的情感与象征意义 046

- 3.6 拍摄画面的构图 047
  - 3.6.1 构图法则 047
  - 3.6.2 中心构图 047
  - 3.6.3 九宫格构图 048
  - 3.6.4 对称构图 048
  - 3.6.5 斜线构图 049
- 3.7 拍摄画面的结构元素 049
  - 3.7.1 主体 050
  - 3.7.2 陪体 051
  - 3.7.3 环境 051
  - 3.7.4 留白 052
- 3.8 单品型电商短视频的拍摄 053
  - 3.8.1 服装类，上身效果+材质评测 053
  - 3.8.2 鞋包类，外观展示+细节体现 054
  - 3.8.3 美妆护肤类，模特演示+效果对比 054
  - 3.8.4 电子产品类，功能优势+使用演示 055
- 3.9 内容型电商短视频的拍摄 055
  - 3.9.1 评测类，体验测试过程展示 055
  - 3.9.2 清单类，根据主题进行盘点 056
  - 3.9.3 搭配类，展示穿衣整体搭配 057
  - 3.9.4 百科类，传达有价值的资讯信息 058
- 3.10 本章小结 058

第4章 使用"抖音"制作短视频 059

- 4.1 使用"抖音"App 的拍摄功能 059
  - 4.1.1 拍摄短视频 059
  - 4.1.2 使用辅助工具拍摄 060

目录

- 4.1.3 使用道具拍摄 063
- 4.1.4 分段拍摄 063
- 4.1.5 分屏拍摄 065
- 4.1.6 使用模板制作短视频 066
  - ※实战　使用模板制作
    短视频 066

4.2 在"抖音"App 中导入素材 067
- 4.2.1 导入手机相册素材 067
- 4.2.2 使用"一键成片"功能
  制作短视频 069
  - ※实战　使用"一键成片"
    功能制作
    短视频 069

4.3 丰富短视频效果 070
- 4.3.1 选择背景音乐 070
- 4.3.2 添加文字 072
- 4.3.3 添加贴纸 074
- 4.3.4 发起挑战 074
- 4.3.5 使用画笔 075
- 4.3.6 添加特效 075
- 4.3.7 添加滤镜 076
- 4.3.8 自动字幕 076
- 4.3.9 画质增强 077

4.4 短视频封面设计与发布 077
- 4.4.1 设置短视频封面 077
- 4.4.2 发布短视频 078
- 4.4.3 制作商品宣传音乐
  短视频 079
  - ※实战　制作商品音乐
    短视频 079

4.5 本章小结 082

第 5 章 使用"剪映"制作短视频 083

5.1 认识"剪映"App 083
- 5.1.1 "剪映"App 工作界面 083
- 5.1.2 视频剪辑界面 087

5.2 素材剪辑基础 089
- 5.2.1 导入素材 089
- 5.2.2 视频显示比例与背景
  设置 092
- 5.2.3 粗剪与精剪 093
- 5.2.4 添加音频 095
- 5.2.5 音频素材剪辑与设置 097
- 5.2.6 制作美食产品电子相册 ... 098
  - ※实战　制作分屏显示
    视频效果 098

5.3 短视频效果的添加与设置 104
- 5.3.1 变速效果 105
- 5.3.2 画中画 106
- 5.3.3 制作短视频标题消散
  效果 108
  - ※实战　制作短视频标题
    消散效果 108
- 5.3.4 添加文本和贴纸 110
- 5.3.5 添加滤镜 113
- 5.3.6 添加特效 114
- 5.3.7 视频调节 116
- 5.3.8 制作咖啡产品宣传短
  视频 118
  - ※实战　制作咖啡产品
    宣传短视频 118

5.4 本章小结 125

第 6 章 使用 Premiere 制作短视频 126

6.1 Premiere 基础操作 126
- 6.1.1 Premiere 工作界面 126
- 6.1.2 创建项目和序列 128
- 6.1.3 导入素材 130
- 6.1.4 保存与输出操作 131

6.2 掌握 Premiere 中的素材剪辑
操作 131
- 6.2.1 监视器窗口 131

6.2.2 素材剪辑操作 133
6.2.3 视频剪辑工具 134
6.2.4 修改视频素材播放速率 134
6.2.5 创建其他常用视频元素 135

6.3 掌握效果设置 138
6.3.1 "效果控件"面板 138
6.3.2 制作分屏显示效果 139
※ 实战 制作分屏显示视频效果 139

6.4 应用视频效果 143
6.4.1 添加视频效果 143
6.4.2 编辑视频效果 145
6.4.3 认识常用的视频效果组 146
6.4.4 为视频局部添加马赛克 148
※ 实战 为视频局部添加马赛克 149

6.5 应用视频过渡效果 151
6.5.1 添加视频过渡效果 151
6.5.2 编辑视频过渡效果 151
6.5.3 认识视频过渡效果 153
6.5.4 视频过渡效果插件 155
6.5.5 制作商品展示视频效果 156
※ 实战 制作商品展示视频效果 156

6.6 字幕的添加与设置 162
6.6.1 创建字幕和文字图形对象 162
6.6.2 字幕设计窗口 163
6.6.3 制作品牌宣传短视频 165
※ 实战 制作品牌宣传短视频 165

6.7 本章小结 177

第7章 电商直播营销 178

7.1 了解电商直播 178
7.1.1 什么是直播平台 178

7.1.2 电商直播的崛起 179

7.2 电商直播的特点和问题 179
7.2.1 电商直播的特点 179
7.2.2 电商直播存在的问题 180

7.3 电商直播准备 182
7.3.1 直播间规范 182
7.3.2 直播前的准备 182
7.3.3 直播间注意事项 183

7.4 电商直播间设计 184
7.4.1 直播间装饰 184
7.4.2 直播间风格 186
7.4.3 直播间色彩 187

7.5 电商直播间灯光设计 191
7.5.1 灯光主体规划 191
7.5.2 灯箱补光照射 191
7.5.3 光源类型 192
7.5.4 主播镜头与灯光 193
7.5.5 直播间布光方案与技巧 193

7.6 直播平台的特点与要求 195
7.6.1 淘宝直播 195
7.6.2 京东直播 197
7.6.3 拼多多直播 197
7.6.4 抖音直播 197
7.6.5 快手直播 198
7.6.6 微博直播 198
7.6.7 西瓜视频 198
7.6.8 小红书直播 199
7.6.9 BiliBili 直播 199
7.6.10 知乎直播 199
7.6.11 考拉海购直播 200
7.6.12 蘑菇街直播 200

7.7 本章小结 200

第1章 了解电商短视频

短视频主要是指时长在 5 分钟以内，通过图像、声音传达一定主题或内容的视频。近几年，短视频行业发展得极其火热。

本章将向大家介绍有关短视频内容创作的基础知识，包括什么是短视频、短视频营销、短视频内容创作要素、短视频营销的优势、短视频制作流程、短视频行业发展方向等内容，使大家对短视频这种内容形态有更多的了解和认识。

1.1 认识短视频

5G 时代已经到来，短视频作为内容传播的形式之一，将成为 5G 时代下的重要社交语言。同时，短视频与长视频的交融共生将成为视频行业的发展趋势。

1.1.1 什么是短视频

目前，业界对短视频并没有形成统一的概念。通常认为短视频即短片视频，是一种互联网内容传播方式，多指在互联网上传播的时长在 5 分钟以内的视频。随着网络的提速与移动终端的普及，短视频逐渐获得各大平台、用户和投资方的青睐，成为互联网的又一风口。

短视频内容融合了技能分享、幽默、时尚潮流、社会热点、街头采访、公益教育、广告创意和商业定制等主题。因为短视频的时长较短，所以短视频可以单独成片，也可以成为系列栏目。

2017 年 4 月 20 日，"今日头条"创办首个短视频奖项——金秒奖，目的在于规范短视频行业标准。"今日头条"对全部参赛作品的平均时长和达到百万次播放量的作品进行统计后，得出结论：短视频的平均时长为 4 分钟，且以互联网新媒体为传播渠道，其形态包括纪录片、创意剪辑、品牌广告和微电影等。

"57 秒、竖屏"是"快手"短视频平台对于短视频行业提出的工业标准。

> **小贴士**：2019 年 1 月 9 日，中国网络视听节目服务协会发布《网络短视频平台管理规范》和《网络短视频内容审核标准细则》。

1.1.2 主流的短视频平台

移动互联网时代，短视频领域成为各企业争相角逐的盈利风口，短视频背后巨大的商业价值使网络短视频遍地开花，短视频平台犹如雨后春笋般呈现在大众面前。

1. 抖音

"抖音"是短视频平台，以竖屏小视频为主，用户主要为一二线城市的中产用户，女性偏多，关键词为年轻、时尚、颜值。"抖音"短视频目前作为一个在短视频领域的超级 App，不论用户量级上还是在相关后端服务上都有很强的优势。图 1-1 所示为"抖音"的 Logo（标识）与其 PC 端首页。

图 1-1 "抖音"的 Logo 与其 PC 端首页

2. 快手

"快手"也是短视频平台,以竖屏小视频为主,用户主要为三四线城市中的人群,他们是真实热爱分享的群体,特征为"老铁文化"。目前,"快手"可以说是短视频领域的榜二,热爱生活分享的博主可以试一下"快手","快手"对于创作者的支持力度还是比较大的。图 1-2 所示为"快手"的 Logo 与其 PC 端首页。

图 1-2 "快手"的 Logo 与其 PC 端首页

3. 西瓜视频

"西瓜视频"也是一个短视频平台,但是目前有往长视频方向倾斜的动向。它的用户主要为一线城市和新一线城市,80 后和 90 后的人群。内容频道很丰富,影视、游戏、音乐、美食、综艺五大类频道占据半数视频量。图 1-3 所示为"西瓜视频"的 Logo 与其 PC 端首页。

图 1-3 "西瓜视频"的 Logo 与其 PC 端首页

4. 哔哩哔哩

"哔哩哔哩",简称"B 站"。"B 站"是一个领域非常垂直的视频网站,主要面向二次元文化垂直类人群。主要呈现方式为横屏、短视频。用户黏性非常高,主要用户群体为 90 后和 00 后的二次元文化爱好者。如果你有这方面的天赋或者特长,可以尝试发展"B 站"。图 1-4 所示为"哔哩哔哩"的 Logo 与其 PC 端首页。

图 1-4 "哔哩哔哩"的 Logo 与其 PC 端首页

5. 微视

"微视"是腾讯旗下的短视频平台,"微视"以竖屏的小视频为主,用户主要为白领群体。图 1-5 所示为"微视"的 Logo 与其 PC 端首页。

图 1-5 "微视"的 Logo 与其 PC 端首页

1.1.3 短视频的创作方式

短视频的生产方式可以分为普通用户创作内容(User Generated Content,UGC)、专业用户创作内容(Professional User Generated Content,PUGC)和专业机构创作内容(Professional Generated Content,PGC)3 种,它们的特点如表 1-1 所示。

表 1-1 短视频 3 种创作方式的特点

UGC	PUGC	PGC
➢ 成本低,制作简单 ➢ 商业价值低 ➢ 具有很强的社交属性	➢ 成本较低,有编排,有人气基础 ➢ 商业价值高,主要靠流量营利 ➢ 具有社交属性和媒体属性	➢ 成本较高,专业和技术要求较高 ➢ 商业价值高,主要靠内容营利 ➢ 具有很强的媒体属性

UGC:短视频平台的普通用户自主创作并上传内容,普通用户指非专业个人创作者。
PUGC:短视频平台的专业用户创作并上传内容,专业用户指拥有粉丝基础的"网红",或者拥有某一领域专业知识的关键意见领袖。
PGC:专业机构创作并上传内容。

1.2 短视频营销

目前,传统的营销手段已经不能满足时代发展的需要。随着短视频生态的日臻完善,短视频已经成为越来越多品牌进行推广营销的首要选择。然而,要想把短视频创作和运营工作做好并非易事,除了要找到正确的市场发展趋势,对短视频创作以及运营内容进行严格把控外,短视频创作者还要知道观看者究竟想要什么,这样才可以做好短视频的内容,才能吸收流量,最终实现商业变现。

短视频营销可以实现精准定位与精准营销。在大数据的帮助下,平台会通过用户的观看与搜索记录对观众进行精准的人物画像。通过这一举动,短视频营销较传统营销方式,有了精准这一特性。

我们在观看短视频的时候,经常会发现视频中所推荐的东西比传统图文形式的营销更有吸引力。在短视频营销中,用户可以通过视频对广告中的产品得到一个十分立体的印象,不管在哪个方面,都比传统的营销模式更具有冲击力。这种方式也可以帮助营销者在短视频营销中迅速地传播品牌。但是在短视频营销中,个人用户和企业用户还是有些差异的。

1.2.1 了解短视频营销

从性质、作用上看,长、短视频并无太大的差异,与其他传播方式相比,都有着无法比拟的优势,容易聚集大量粉丝。因此,视频很快成为企业、网络大咖、自媒体运营者主要的宣传媒介。也就是说,短视频只是视频营销的一个细分类型,在认识短视频营销之前,还需要先了解一下视频营销。

视频营销是指广告主将各种视频投放到各种播放平台上,达到所需宣传目的的营销手段,包含电视广告、网络视频、宣传片、微电影等各种方式,以及现在比较流行的直播。

视频直播不仅造就了一个个"达人",还造就了很多"网红"企业。

小米品牌每次推出新的产品都会在线上进行新品发布直播,董事长雷军会亲自进行新品的发布直播,实为增强与粉丝的互动。在"爱奇艺""bilibili""CIBN""第一财经""斗鱼""凤凰科技"等二十多个直播平台同时播放,成为第一个进入"微视千万俱乐部"的企业级用户。

图1-6 小米在"抖音"平台的短视频和官方直播间

图1-6所示为小米"抖音"官方旗舰店,主要是介绍小米品牌的产品和直播带货。

与视频营销相比,短视频营销起步较晚,大多是在最近几年。当短视频社区或平台大量兴起后,一些企业才开始尝试着通过短视频来树立企业形象,推广产品,吸引更多客户。最先涉足视频营销的是互联网企业,腾讯、网易、小米等,它们或开通自己的直播平台,或利用第三方平台进行视频直播,带动消费。与此同时,很多传统企业也开始布局短视频。有的企业通过开设短视频官方账号,每天向用户提供优质的内容,以此来聚集大量粉丝。然后,在此基础上对品牌、商品资源进行整合、包装,进而进行传播。这也是大多数企业对短视频运用最重要的一种方式。

海底捞结合时下最热的短视频，直接进行产品和服务营销，通过短视频的方式向用户介绍海底捞的各种产品、活动、服务，以及一些创意吃法，让顾客在家也能学会多种吃法，享受多种美味。图 1-7 所示为海底捞在"抖音"平台的官方账号。

在过去，像上面这样的宣传和推广，多半要邀请自媒体报道才能获取数万用户关注。短视频由于时间短，互动性强，比较灵活，逐步成为企业自我宣传的重要工具，而消费者也因为其使用的便捷性非常喜欢这种互动方式。

图 1-7 海底捞在"抖音"平台的官方账号

可见，短视频营销在未来将会成为一个主流与趋势。无论是小米、淘宝等新兴企业，还是海底捞等传统企业，已经用完美的案例诠释了营销界的观点："在社交媒体多元化的大趋势下，品牌的商业化信息推广和用户在社交平台所需要的信息其实并不存在冲突。"

有些企业也开始与短视频达人进行合作，通过他们的短视频进行品牌的深度植入，通过其高人气和影响力传递出品牌的核心信息。最重要的是，这些达人经过优质视频内容的长期输出，让用户养成"追剧"习惯的同时也形成了更强烈的感性互动，他们与客户更像是明星与粉丝的关系，在亲和力上使他们对粉丝的影响力和渗透力都相比"大 V"有过之而无不及。

1.2.2 核心目标

在进行短视频营销时，运营人员应该注重获取有效粉丝数量以及流量。但是相比来说，个人进行短视频营销与企业进行短视频营销的侧重点不同。个人需要把侧重点更多地放在播放量、粉丝数以及影响力范围方面；企业则需要注意曝光品牌以及获取精准粉丝。在曝光品牌方面，企业所创作的短视频需要注重为品牌造势，提高品牌的曝光度，让更多的用户了解品牌，提高对品牌的认知度。在获取精准粉丝方面，企业需要注意精准粉丝与普通粉丝的区别，获取精准粉丝可以提高企业的销售量。尤其是一些电商品牌，它们可以通过推广短视频来获取忠实用户，这一部分用户很容易对品牌进行消费。

图 1-8 所示为林氏家居在"抖音"平台的官方账号，该品牌是一个电商品牌，其所针对的目标群体也是年轻人，所发布的短视频主要是以年轻人为视角来展示和介绍家居产品，从而获得年轻用户群体的关注。

图 1-8 林氏家居在"抖音"平台的官方账号

1.2.3 内容策划

由于个人短视频与企业短视频的核心目标不同，两者在内容策划方面也存在着很大的差别。

对于个人短视频来说，创作者需要注重内容的广度与深度。在广度方面，如果创作者可以紧跟热点，则可以获得新粉丝与更多的外部流量；对于深度而言，创作者需要注意自己账号的定位。如果账号输出的质量不高，则无法保证已有粉丝的黏性，很容易导致粉丝的流失。

对于企业短视频来说，其应该更多地围绕企业品牌进行宣传，例如实现品牌和产品的软植入，通过一些热点事件或者有意思的故事来进行品牌和产品特色的展示。

图 1-9 所示为海尔在"抖音"平台的官方账号，所发布的短视频通常是以真人演绎的方式来介绍该品牌相关家电产品的核心技术、功能和卖点，从而使消费者能够更好地了解其产品。

图 1-9　海尔在"抖音"平台的官方账号

1.2.4　短视频营销的作用

目前已经有很多企业步入短视频营销，并取得了不凡的成果。那么，短视频对企业营销的推动作用有哪些呢？具体来说，表现在以下三个方面。

1. 时效性强

短视频的特点之一是信息的即时发布。一条创意非常好的短视频发出后，短时间内就能被大量用户转发至每一个角落。基于短视频的实时性，企业在进行品牌传播和推广时，通常会把当前企业和消费者发生的或者来自消费者参与的（如企业线下活动），以及那些能够体现企业经营文化、品牌理念的故事，通过短视频快速地传播，并引发消费者的评论和互动。图 1-10 所示为蔚来汽车的短视频营销广告。

图 1-10　蔚来汽车在"抖音"平台发布的短视频营销广告

2. 传播范围广

企业短视频仅凭自己的力量难以实现信息的快速扩散，即使拥有众多关注者，其影响范围可能也有限。因此，必须由关注者对信息进行转发或再次传播，传播的级数越多，产生的影响力就越大，这就是企业短视频营销点对面模式的效果。而企业短视频营销点对点模式是：企业可以通过短视频跟自己的任何一位粉丝进行交流，并对其提出的问题通过沟通加以解决。图 1-11 所示为短视频下的评论留言。

图 1-11　短视频下的评论留言

3. 易接受性

企业利用短视频进行品牌营销时，通过与消费者之间的互动话题或活动，进行碎片化渗透。短视频营销在某种程度上淡化了企业的商业形象，让企业以倾听者的姿态亲近消费者，在与消费者在互动沟通中搭建起一种可信任的关系。

1.3　内容创作要素

想要制作一个优质的短视频，首先要知道优质短视频包括哪些元素，进而通过优化这些元素以制作出优质作品。

1.3.1　吸睛标题

广告大师奥格威在他的著作《一个广告人的自白》中说过："用户是否会打开你的文案，80% 取决于你的标题。"在出版行业，一本书的书名会在很大程度上影响这本书的销量。这一定律在短视频中也同样适用：标题是决定短视频打开率的关键因素。

标题是播放量的源头，它像一个人的名字一样，具有唯一的代表性，是观众快速了解短视频内容并产生记忆与联想的重要途径。

从运营层面来讲，当前阶段，机器算法对图像信息的确有一定的解析能力，但相比于文字，其准确度方面存在局限性。短视频平台在对短视频内容进行推荐分发时，会从标题中提取分类关键词进行分类。接下来，短视频的播放量、评论数和用户停留时长等综合因素则决定了短视频平台是否会继续推荐该短视频。

从用户层面来讲，标题是短视频内容最直接的呈现形式，也是吸引用户关注、观看的敲门砖。在观看视频前，用户查看详情、标签、评论的概率远低于查看标题的概率。短视频能为用户解决什么问题，或者能给用户什么样的趣味，是创作者在拟定标题的时候需要优先考虑的问题。

图 1-12 所示为简洁、直观的短视频标题。

图 1-12　简洁、直观的短视频标题

1.3.2 画质清晰

短视频画质的清晰度直接决定用户观看短视频的体验感。模糊的短视频会给人留下不好的印象，用户可能在看到的第一秒就会跳过。所以这种情况下，短视频即使内容再好，也可能得不到用户的关注。

我们会发现很多受欢迎的短视频，其画质像电影"大片"一样，画面清晰度高，色彩明亮。这一方面是因为拍摄硬件选择得好，另一方面是因为视频的后期制作精良。现在有很多短视频拍摄和制作软件，其功能相当齐全，滤镜、分屏、特效等功能一应俱全，助力大众进行创作。

图 1-13　清晰画质的短视频

图 1-13 所示为清晰画质的短视频。

> **小贴士**：播放媒介不同，其对短视频的画质和尺寸要求也不同，通常短视频是在手机终端进行播放的，所以短视频如何更好地适应手机屏幕是关键问题之一。

1.3.3 给用户提供价值或趣味

短视频让用户驻足观看主要有两个原因：一是用户能从中获取有用的内容；二是用户能从中获得共鸣。所以我们制作的短视频要能给用户提供价值或者趣味，二者至少要满足其一，而不是让用户看完觉得枯燥无味，不知所云。

图 1-14　搞笑短视频，其具有较强的趣味性

图 1-14 所示为具有较强趣味性的短视频。

> **小贴士**：有价值或有趣味的短视频还有一个特征——真实，即真实的人物、故事和情感。真实使短视频更贴近生活，更易引起大家的共鸣。

1.3.4 掌控音乐

如果说标题决定了短视频的观看率，那么音乐就决定了短视频的整体基调。创作者在为短视频配乐时需要注意以下两个要点：

（1）在短视频的高潮部分或者是关键信息部分，切记卡住音乐的节奏，一方面要突出重点，另一方面要让音乐和画面具有协调感；

（2）配乐或背景音乐的风格与短视频内容的风格要一致，搞笑短视频不可配抒情音乐，严肃短视频不可配搞笑音乐。

1.3.5 注重细节打磨

优质的短视频都是经过多维度精雕细琢的，甚至可能修改了数十次才得以呈现在公众面前。强大的短视频制作团队会从编剧、表演、拍摄和后期制作等方面反复打磨，让短视频更好看、更有创意，从而打造出优质的短视频。

1.4　短视频营销的优势

随着近年来科技以及社会的发展，移动互联网行业已经在中国有了不可撼动的地位，短视频营销也逐渐取代了传统的营销方式。各大商家已经慢慢地在互联网上找到了新的营销手段。对于短视频营销来说，其拥有六个传统营销所不能比拟的优势，如图1-15所示。

1.4.1 传播性

对于选择短视频营销的企业与个人来说，传播性一定是最具吸引力的一点。从现在各大热门的短视频平台中，我们可以清楚地发现短视频营销模式与传统营销模式在传播速度上的差距。利用互联网这一工具，短视频将信息像病毒一般传播到了各个用户手上。只要短视频的内容出奇，那么用户就会自发地在各个平台上对其进行转发。同时，短视频依靠短的特性，在这个快节奏的社会中占据了人们的碎片时间。

图 1-15　短视频营销的优势

另外，短视频的这种模式比传统营销模式有更高的原创性。在网上我们很容易发现盗图以及复制文章的情况，但是在短视频中，视频创作者可以对视频加上属于自己的元素，通过这种方式也可以更好地保障创作者的利益。

图 1-16 所示为某品牌薯片产品的宣传短视频，通过短视频平台来宣传和推广新产品，更容易吸引受众群体的关注。

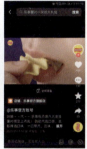

图 1-16　薯片产品宣传短视频

1.4.2 低价性

与传统营销方式相比，低价性也是短视频营销不容忽视的一个特点。对于传统营销来说，其在营销过程中的人力成本以及其他成本都非常高。而对于短视频营销来说，只要你拥有一部移动设备，就可以进行一些基础的短视频创作。同时，传统门店可能需要支付大量租金，而对于短视频营销来说，在各个平台入驻相当于是零成本。

在互联网时代，时间成本是最昂贵的，金钱成本显得不再那么重要。利用短视频进行营销，大大降低了营销成本，对卖方和买方皆是如此。

对卖方而言，比起传统的广告制作和宣传，短视频的制作成本较低。电商时代，当有效的市场需求转移到线上后，最贵重的不是资金成本，而是时效，错过了最佳营销时间，即使再努力也没有大用处。相较之微博、微信，短视频时代刚刚开启大幕，但在这个瞬息万变的时代，机会都是稍纵即逝。微博已经远远地被甩在了后面，微信红利期已过，短视频时代，正是企业布局市场的最佳时机。

大多数短视频社区或平台，本身就是免费的，平台不会收费，基本上不需要什么费用。相对而言，通过短视频开展的营销活动的成本是比较低的。

1.4.3 可视性

对于传统营销方式来说，营销方可能得不到准确的数据，其传播效果以及范围皆是不可视的。而对于短视频营销方式来说，各大平台皆有精准的后台数据采集，在营销过程中可以对后台采集的数据进行精准的分析。短视频创作者可以看到短视频的点赞量、评论量、转发量以及收藏量等数据。同时，平台也会根据数据对观看者进行精准的人物画像。这种方式不但可以帮助创作者获得精准的数据，并且也可以及时地对营销方向进行调整以及优化。

图 1-17 所示为某美食产品的宣传短视频，在短视频中不仅对产品的外包装和产品本身进行了展示，还对产品的烹饪方法进行了介绍，从而吸引更多的消费者关注。

图 1-17　某美食产品宣传短视频

1.4.4　持续性

在短视频平台中，用户看到的视频可能并不是当天或者最近发布的新视频，甚至有可能是在很久前发布的。这种现象发生的原因是平台会根据对观看者的人物画像来进行视频推荐。这一现象也反映出了短视频营销的持续性。如果视频创作者创作出了一个非常受欢迎的短视频，那么这个短视频就会被持续地推送到观看者的应用之中，或者被推送至对这个领域视频感兴趣的用户之中。对于传统营销来说，如果想让品牌的广告持续播放，品牌方可能要持续地投入广告资金。而短视频受到这方面的影响就很小了。

图 1-18 所示为某品牌饮料的宣传短视频，很多品牌推出全新产品或活动时，都会第一时间在短视频平台中发布相应的短视频，消费者通过关注其短视频账号就可以第一时间获取最新的产品信息。

图 1-18　某品牌饮料宣传短视频

1.4.5　互动性

以腾讯旗下的"微视"短视频平台为例，"微视"是一款由腾讯公司推出，基于通信录的跨终端、跨平台的视频通话软件，突破性地实现了 iOS、Android 终端设备之间的视频互通，图 1-19 所示为"微视"App 界面。"微视"作为一款基于通信录的跨终端、跨平台的视频通话软件，开放性表现在用户可通过 QQ、微信及腾讯邮箱账号登录，还可以将拍摄的短视频同步分享到微信好友朋友圈、QQ 空间。

短视频之所以能火爆荧屏，主要原因在于它所承载的平台是个开放式的平台，包括上传、互动、分享等，从而在视频上传者与观看者、分享者之间形成了一个完美的闭环。短视频闭环模式如图 1-20 所示。

1. 上传者——上传

短视频平台的智能化使每一个人都有机会成为创作者与分享者，从被动接纳的角色转变成为主人公。在这场转变的过程中，作为上传者，无论是企业还是个人都可以在短视频社区或平台上自主地上传短视频文件，供用户在线观看或下载。当然，用户也可以根据自己所需自主选择是否观看或分享讨论。

图 1-19　"微视"App 界面

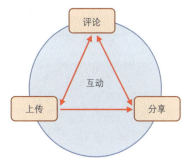

图 1-20　短视频闭环模式示意

2. 观看者——评论

用户可以对看过的短视频发表自己的观点、看法、评论，与视频上传者或其他受众进行互动。随着弹幕技术的普及，短视频爱好者可以随时评论自己喜欢的视频，或者与视频上传者或其他网友展开互动。图 1-21 所示为美食短视频中的弹幕评论。

图 1-21　美食短视频中的弹幕评论

3. 观看者——分享、收藏

短视频社区或平台的开放性特征，让社交平台脱离"二元"，实现"多元"式发展，使自己融入整个中国互联网的生态系统中。短视频社区或平台的开放性决定了其必定是一个合格的营销工具，短视频的上传者只要有好的创意、好的产品、好的服务，就能够在这个大舞台上出色地"演出"，促使企业营销生态圈更和谐地发展。

观看者在观看完视频之后，可以将自己感兴趣的，或者认为对自己以后有用的信息分享到自己的短视频账号，或转发给第三方。某些短视频由于受到粉丝的追捧，往往会被很多人转发。目前，大多数短视频社区或平台开放路径已经逐渐清晰，基本上都具有分享到 QQ、微信好友、微信朋友圈、新浪微博的功能。图 1-22 所示为不同短视频平台的分享功能。

人人自媒体的时代已然到来，挡都挡不住，这曾经是微博时代的专家对于微博的解读。短视频时代呢？那一定是有过之而无不及。只要你的信息属实，只要你能够打动人心，你就可以进行传播。企业在做营销的时候，要想让更多的人知道自己，必须在内容上下功夫。只要你的内容能够打动人心，人人都会是你的传播者。

1.4.6　精准性

图 1-22　不同短视频平台的分享功能

无论是传统营销还是短视频营销，营销的精准性永远都是十分重要的一环。相对于传统营销。短视频营销可以利用大数据以及机器学习而拥有更高的精准性。在各大平台技术迭代的今天，短视频创作者可以清晰地看到平台对用户的刻画，从而进行精准营销。同时，根据当下短视频平台的特性，短视频营销可以很容易地获得黏性较高的粉丝，因为大部分短视频平台的搜索权重较高，在短视频受到关注时得到的多数是黏性较高的粉丝。

1.5 短视频制作流程

短视频的制作流程与传统影片的制作流程相比简化了很多，但是要输出优质的短视频，创作者还是要遵循标准的制作流程。

1.5.1 项目定位

项目定位的目的就是让创作者有一个清晰的目标，并且一直朝着正确的方向努力。不过创作者需要注意的是，创作的内容要对人们有价值，根据人们的需求创作相应的内容。比如创作者的客户是高端人群，那么创作者就要创作出专业的内容。同时，内容的选题要贴近生活，接地气的内容能让人更有亲近感。

> **小贴士**：短视频应该具有明确的主题，需要传达出短视频内容的主旨。在短视频创作的初期，创作者大多不知道如何明确主题。这种情况下，创作者可以参考优秀的案例，多搜集、多参考，再发散思维。

1.5.2 剧本编写

创作初期，非专业出身的人不一定能写出很专业的剧本，但也不能盲目地拍摄。无论是室内拍摄还是室外拍摄，创作者都必须在纸上、手机上或是计算机上列出一个清晰的框架，想清楚自己的短视频要表达什么主题、在哪里拍、需要配合哪些方面，然后再谈剧情。

创作者一般会寻找多个关键线索，然后串成一条故事线，这样可有效地讲故事。当然这不是唯一的方式，但是短视频的时长较短，短暂的展示时间内没有多少机会让创作者讲很酷炫的故事，线性讲述才能让观众减少理解压力。当然如此一来，也难免让观众觉得乏味，但创作者可以通过一些后期手段进行弥补，以使故事更完整清晰，结构更完整紧密。

1.5.3 前期拍摄

在短视频拍摄过程中，创作者要防止出现画面混乱、拍摄对象不突出的情况。成功的构图应该是作品主体突出，主次分明，画面简洁、明晰，让人有赏心悦目之感。

如何才能有效防止出现短视频拍摄画面抖动的情况呢？以下两点建议可以帮到创作者。

1. 借助防抖器材

现在网上有很多防抖器材，例如三脚架、独脚架、防抖稳定器等，针对手机、摄像机的也有，创作者可以根据所使用的短视频拍摄器材配备一两个。

2. 注意拍摄的动作和姿势，避免大幅度动作

创作者在拍摄移动镜头时，上身动作要少，下身小碎步移动；走路时上身不动下身动；镜头需要旋转时，要以整个上身为轴心，尽量不要移动双手关节来拍摄。

创作者在拍摄时注意画面要有一定的变化，不要一个焦距、一个姿势拍全程，要通过推镜头、拉镜头、跟镜头、摇镜头等来使画面富有变化。例如进行定点人物拍摄时，创作者要注意通过推镜头进行全景、中景、近景、特写的拍摄，以实现画面的切换，要不然画面会显得很乏味。

1.5.4 后期制作

短视频素材的整理工作也是非常有必要的，创作者要把短视频资源有效地进行分类，这样找起来效率会很高，创作者的思路也会很清晰。在视频剪辑环节，主题、风格、背景音乐、大体的画面衔接过程，创作者都需要在正式剪辑前进行构思，也就是说，创作者要在脑子里想象短视频最终的效果，这样剪辑时才会更加得心应手。

短视频拍好后，创作者还要进行后期剪辑制作，例如画面切换的实现、字幕的添加、背景音乐的设置、特效的制作等。剪辑时，创作者要注意按自己的创作主题、思路和脚本进行操作；在编辑过程中，创作者可加入转场特技、蒙太奇效果、多画面效果、画中画效果并进行画面调色等，但需注意特效不要过度，合理的特效可提高视频的档次，但过多会给人眼花缭乱的感觉。

纯动画形式的短视频，创作者在制作过程中一定要注意动态元素的自然流畅，要遵循真实规律。

自然流畅：强化动画设计中的运动弧线可以使动作更加自然流畅。自然界的运动都遵循弧线运动的规律。

遵循真实规律：遵循物体本身的真实运动规律。创作者可通过表现物体运动的节奏快慢和曲线，使之更接近真实。不同的物体运动有不同的节奏。

1.5.5 发布与运营

短视频在制作完成之后，就要进行发布。在发布阶段，创作者要做的工作主要包括选择合适的发布渠道、渠道短视频数据监控和渠道发布优化。只有做好这些工作，短视频才能够在最短的时间内打入新媒体营销市场，迅速吸引用户，进而获得知名度。

短视频的运营工作同样非常重要，良好的运营可以使用户时刻保持新鲜感。下面介绍3个短视频运营的小技巧。

1. 固定时间更新

创作者要尽量稳定自己的更新频率，固定更新时间，这样不仅能让自己的账号活跃度更好，同时也能够培养用户的阅读习惯，从而有效提高用户的留存率与黏性。

2. 多与用户互动

用户可以说是短视频创作者的"衣食父母"，如果没有他们的流量，那么短视频创作者很难火起来，所以短视频内容发表之后，创作者要记得去与用户互动。很多创作者发表短视频之后什么也不做，这样就会白白损失一批用户。为了更好地留住用户，创作者需要提高用户的黏性。

3. 多发布热点内容

短视频内容也是可以蹭热点的，但是创作者需要注意热点的安全性，不要侵权，要按照平台要求去追热点。

1.6 短视频行业的发展方向

从短视频的发展中我们可以看出，短视频爆火的根本原因是人们对于它的潜在需求。但是在当今社会，社交手段慢慢升级，短视频也需要随着社会的发展而升级。目前，短视频行业仍然处于飞速上升的阶段，综合来说，短视频行业的发展方向主要表现在新内容、新产业、新生态3个方面。

1.6.1 新内容

当今互联网领域的人应该会频繁地接触一个词——新内容。新内容是指新媒体作品的表现、意义及审美价值，以及在表达、生产、传播与消费上对传统内容的颠覆和重构。"新内容"既是一个创新的概念，也是一个发展的概念。

新内容的"新"，不仅仅是内容上的新，同样也是内容传播方面的新、对内容消费的新。随着科技的创新以及进步，内容呈现的方式也变得越来越多。短视频现在已经改变了曾经的展现形式，新内容在短视频这一方式下可以十分容易地传播与分享。同时，新内容也不断地在向垂直化、个性化以及社交化的方向发展。

目前占据短视频内容较大份额的幽默类、故事类节目虽然拥有很大的流量，但这种泛娱乐化的策略往往导致内容趋同，变现困难。因此，垂直细分市场是未来短视频平台发展的必然趋势。例如，音乐类短视频可以从风格上细分为古典、嘻哈、流行、摇滚等，也可以从内容上分为乐器教学、乐理知识学习、音乐点评等。

在个性化和社交化方面，短视频完成了内容平台和社交平台的融合。与此同时，个性化配送与社会化配送的融合也在同时发生。短视频用户既是内容消费者，也是内容生产者。短视频的新内容还处于动态发展过程中，其内涵和外延还在不断完善，用户对内容的认知也将不断变化。

图 1-23 所示为华为商城的"抖音"账号和短视频，通过短视频平台可以发布新产品预告、产品宣传广告、产品功能讲解、互动活动等短视频内容，不仅宣传了企业产品，也更好地拉近了与消费者之间的距离。

图 1-23　华为商城的"抖音"账号和短视频

1.6.2　新产业

随着短视频在新内容方向的发展，其对互联网行业生态也产生了一定的影响，互联网新产业也从中诞生。在当下，短视频已经不只是内容产品，它同样也是服务产品、关系产品。短视频凭借其独特的特点，成了社会化传播和数字化营销的新宠，进而成为互联网产业中的新业态。与此同时，短视频行业也需要升级换代。

首先，短视频行业已经越来越重视原创的重要性。当各大巨头在短视频行业布局之后，竞争变得越来越为激烈，同时行业的红利也不再像前些年那样巨大。原创、优质的垂直内容便成为短视频行业关注的重点，部分门槛较高的垂直领域细分市场有待内容生产者的涌入和资本市场的青睐。

其次，许多传统媒体也在渐渐地与新兴媒体进行融合。一方面，广播电视媒体立足公信力和权威性，依托优势资源，面向用户需求提升短视频创作质量，拓宽短视频的内容展现形式，打造既专业又接地气的短视频产品，并通过自建平台、第三方短视频平台等渠道进行分发和导流，以进一步扩大广播电视的影响力。另一方面，广播电视媒体积极进驻短视频平台，收获了大量用户。

最后，切换到新模式。对于一些经济附加值较高的内容，短视频平台可以采用内容付费的方式，结合智能移动终端的定位系统和场景识别功能进行端口接入，并连接相应的电商平台进行付费，这种基于内容的变现模式比流量变现更先进、更健康、更持久。

图 1-24 所示的短视频，在搞笑、夸张的剧情演绎过程中巧妙地植入产品广告，更容易被浏览者接受，也更容易给浏览者留下深刻印象。

第 1 章 | 了解电商短视频

图 1-24　在短视频中植入商品广告

1.6.3　新生态

短视频在发展过程中也影响到了新生态。在短视频发展过程中，技术、媒介、各大短视频平台以及背后的资本都成了结构性力量。我们可以在短视频对互联网行业以及其他行业的影响中发现这些结构性力量。

首先，"短视频+"的模式已经渗透进互联网行业，我们可以在互联网行业中轻松地见到这种模式。这种模式现在已经成为推动内容传播、构建垂直社群和创新商业模式的利器。

其次，短视频全面嵌入各行各业的传播系统中。例如，短视频电商已经成为电商平台和卖家扩大销量、增加收益的重要推动力量，短视频所打造的"网红"也有力地助推着农产品的销售。

最后，短视频已经深入更多的领域。短视频作为更加符合移动互联网用户触媒习惯的视频内容形式，在内容和功能上具有很大的发展空间。基于各类互联网平台的产品功能、用户群体，以及短视频内嵌需求的差异性等，都赋予了"短视频+"不同的发展土壤。政府的监管、平台的自律、民众媒介素养的提高等因素都在影响着短视频的发展和互联网生态的重构。

图 1-25 所示为电商短视频。

图 1-25　电商短视频

1.7　本章小结

本章主要向读者介绍了有关电商短视频的基础知识，内容包括认识短视频、短视频营销、短视频内容创作要素、短视频营销的优势、短视频制作流程、短视频行业发展方向等。完成本章内容的学习后，读者能够对短视频有更深入的理解和认识，这样就可以更好地完成接下来的学习任务。

第 2 章 电商短视频策划

现如今，短视频作为一种热门的内容形态，不管是在社交平台上，还是在电商平台上都随处可见。在短视频热潮的推动下，内容电商的传播方式也从传统的图文形式逐步向短视频转化。可以说，短视频+电商已经成为一种新的发展趋势。

本章将向大家介绍电商短视频策划的相关基础知识，包括短视频内容规划、电商短视频的定位、电商短视频内容要求、打造爆款电商短视频、不同类型短视频的内容策划等内容，以期读者理解并能够掌握电商短视频策划的方法及形式。

2.1 短视频内容规划

相比纯图文形式，短视频的用户转化效果更好，而电商想通过短视频实现引流和转化，就不能忽视对短视频内容质量的把握。从各大电商和短视频平台的数据来看，高质量视频的带货作用是毋庸置疑的。

2.1.1 哪些商品更适合做短视频

一个网店销售的商品通常不会只有一个，那么是不是所有的商品都适合做短视频呢？答案是否定的。可以看到，很多短视频并不是一经发布就立马有效果的，而是经过一段时间的预热期后才能有一定的播放量并实现客户转化，因此商家在对短视频进行商品选择时，首先要考虑时间因素。

从时间上来看，我们需要选择未来几个月可能成为热销的商品，并且要提前投放短视频。那么为什么要这样做呢？

一般来说，一条商品短视频从制作到投放上线短则需要一个星期左右，长则需要一两个月甚至更久。如果我们选择了店内正在热销的商品，那一两个月后投放短视频时，这个商品很可能就不是爆款了。

另外，有的商品根据季节特性会有销售淡季和旺季之分，比如服装一般会根据季节更替变化。如果此时我们选择了夏装热门款拍摄短视频，而一个月后秋装开始上市了，这时更多的消费者会选择买秋装，这样我们之前投放的夏装短视频带来的转化率可能不会太高。所以短视频选品时，可以选择1~2个月后的潜在爆款商品。

从品类上来看，服装箱包、美妆护肤、家居食品类的商品在短视频平台上卖得较好。同时，这几个品类也是电商行业短视频广告投放占比较高的。图2-1所示为 App Growing 发布的"抖音"平台电商广告投放占比数据。

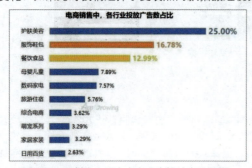

图2-1　"抖音"平台电商广告投放占比数据

由此可见，在选择短视频的商品类型时，选择大众熟知的，与人们日常生活有关的必需品更有优势。另外，价格也是一个重要的影响因素，产品价格越低消费者越不会犹豫，更适合做短视频推广。

2.1.2 电商短视频如何才能吸引用户

很多电商卖家都明白，用短视频带动商品更能吸引用户下单，但自己拍摄的短视频效果却不理想。这很大程度上是因为视频本身不能引发买家共鸣。从内容上来看，电商短视频要满足以下几点才更能吸引用户下单。

1. 满足基本观看体验

指短视频的画质要清晰，logo、水印、图标等最好位于画面角落，避免影响商品呈现效果。视频镜头应该无抖动、虚晃，构图满足大众的审美，背景音乐与视频内容协调。图2-2所示为画质清晰的电商短视频。

图2-2 画质清晰的电商短视频

2. 符合买家人群兴趣点

指短视频的风格和内容要符合目标人群的调性，比如产品的目标人群是18~25岁的年轻人群，那么短视频的风格就应偏年轻化、新潮化、娱乐化，娱乐八卦、搞笑段子可能是他们的兴趣点；如果目标人群是41~50岁的中老年人，短视频风格就应偏生活化、品牌价值化，养生健康、情感陪伴可能是他们的兴趣点。

3. 节奏感强、不拖拉

短视频的长度一般在15秒到5分钟不等，这就要求视频内容要具有很强的节奏感，不拖拉，在短时间内就能讲述完剧情，呈现商品的特性、优势，这样才能快速吸引用户。图2-3所示为某面包产品的短视频，对食品的外包装和食品本身进行全方位的展示，并且加入产品卖点文字，使得产品重要信息得到很好的呈现。

图2-3 某面包产品的短视频截图

4. 讲述真实的感受

不管是何种类型的短视频，都要有真实感，因为消费者想要看到的是产品真实的用户体验。所以我们可以看到开箱评测以及好物推荐类的短视频，都是以"我"的角度（消费者视角）来阐述商品亮点，这样可以降低商品的广告性，也更能令买家信服。

2.1.3 竖屏和横屏的选择

短视频的呈现方式主要有两种，一种是竖视频，一种是横视频。对于这两种视频形式，很多商家都不清楚该如何选择，一般来说可以综合内容和投放位置来抉择。

不同的平台对于视频的尺寸要求会有所不同，这就使得我们在制作视频时首先需要满足相关要求。以"淘宝"网为例，在"淘宝"上传主图视频，它支持的视频尺寸有3种，1∶1、16∶9和3∶4，这就使得我们不能上传9∶16的竖屏视频，只能选择3∶4尺寸。

而对于"淘宝"网的"哇哦视频"频道来说，其支持1∶1、16∶9、9∶16和3∶4这4类视频尺寸，由于"哇哦视频"是在"淘宝"手机端呈现，从用户的使用习惯来看，一般都会将手机竖着，那么选择3∶4和9∶16这两个尺寸会较好。

如果选择1∶1或16∶9的尺寸，用户在播放视频时会看到空白处的黑边，所以竖版视频会有更好的浏览体验。图2-4所示为9∶16的视频呈现方式，图2-5所示为3∶4的视频呈现方式。

图2-4　9∶16的视频呈现方式　　　　　图2-5　3∶4的视频呈现方式

对短视频平台来说，如"抖音""快手"，选择9∶16的竖版视频更能吸引用户的注意力，并且可以减少用户翻转手机的动作。从内容上来看，如果需要在视频中交代更多的环境信息，让画面更有空间感，那么使用横版视频更好；如果出镜人物不多，想要更多地聚焦被拍摄主体就可以选择竖版视频。总的来说，对于短视频，竖版更符合用户的内容阅读习惯，建议多选择拍摄竖版视频。

2.1.4　促进商品销售的核心

很多用户观看短视频都是利用碎片时间，所以我们的短视频也要在短时间内传递出有价值的信息，这样消费者才会买单，具体要把握以下3个核心。

1. 场景化

在拍摄短视频时，要展现实拍的商品和生活场景图，以此来引发共鸣、刺激购买量。比如拍摄餐具的短视频，那么拍摄场景就可以选择家中的餐厅作为背景，用美食来烘托餐具，以营造家居生活的场景，如图2-6所示；如果是拍摄洗碗手套的短视频，就可以选择厨房作为背景，呈现戴手套洗碗时的场景，体现手套耐磨、好清洗、不伤手等功能特征，如图2-7所示。

图2-6　餐具商品短视频　　　　　图2-7　洗碗手套商品短视频

2. 价值化

价值化是指短视频要让观看者感到一定的价值，这个价值可以是情感共鸣，也可以是某一技巧或是选购参考等。新奇的、有趣的、积极的、实用的都能作为短视频传递的价值。

3. IP化

IP化是指我们的短视频账号要有一定的辨识度，要有个人特色，比如短视频红人李某的定位是"口红一哥"，老爸评测的定位是"家长式的评测+科普"，他们的短视频都有明显的个性特征且风格统一。当短视频有了IP感后，粉丝会逐渐与你建立感情，黏性也会大大提高。所以，在做短视频时最好深耕一个领域，打造出个性化特征，然后再通过短视频带入商品进行售卖，比如产品是女装，就深耕时髦穿搭领域，打造资深时尚咖、穿搭达人的人设。

2.2　电商短视频的定位

人群定位不同，我们的短视频内容也会有所不同。在拍摄一条短视频前，首先需要对目标人群打标签，分析目标对象的年龄、兴趣、地域等进行定位，这样拍出来的短视频才能向目标人群强烈"种草"。

2.2.1 细分用户画像，定位目标群体

对目标群体进行定位有利于商家了解目标对象的偏好，从而为短视频的精准化营销提供依据。在大数据时代，用户画像也要用数据来说话。对电商卖家来说，要获得目标群体画像，首先可以通过网店的后台数据来分析。以"淘宝"网为例，在生意参谋中可以通过"客群洞察"或"搜索人群分析"来查看客群画像。

通过后台数据，我们可以明确电商平台上潜在目标用户的画像。另外，我们的短视频不会只投放在电商平台，还会投放在短视频平台。因此还可以通过对现有的短视频达人账号进行数据分析，了解目标人群画像，下面以热浪数据网站（https://www.relangdata.com/）为例。

热浪数据是短视频、直播、电商一站式数据服务平台，覆盖直播分析、电商分析、红人分析、热门素材、数据监测等版块功能，满足不同类型企业及个体的商业增长需求。图2-8所示为热浪数据的官网界面。

目前热浪数据已覆盖"抖音""小红书""视频号"三个社交媒体平台，通过多场景找人、多维度查获、直播监测、视频监测、账号监测及运营等功能版块，提供找号选号、账号对比、投中监测、投后追踪、内容运营创意等全链路、多维度数据分析服务。

图2-8 热浪数据的官网界面

热浪数据依托平台大数据挖掘技术及平台综合分析能力，提供实时直播间排行榜、播主排行榜、商品排行榜、实时监测、数据追踪、运营管理等多维度、全场景的实用功能，帮助用户解决红人商业价值评估、直播选品、竞品分析、行业数据追踪、账号管理等常见问题，优化营销决策，提升运营效率，抢占主流社媒平台流量红利。图2-9所示为热浪数据的工作台界面。

图2-9 热浪数据的工作台界面

2.2.2 电商短视频内容方向

短视频的内容总体可以分为两大方向：一是单品型短视频；二是内容型短视频。对于电商平台上发布的首图、详情页视频，大都是单品型短视频，因为需要在一分钟内突出商品卖点；而在"哇哦视频""抖音""小红书"以及其他短视频平台上发布的短视频，则可能是单品型短视频，也可能是内容型短视频。

1. 单品型短视频

单品型短视频是指纯商品展示型的短视频，一般以介绍商品的特征、功能为主要内容。服装鞋包、美妆饰品、家居建材等常见的实物类产品都可以拍摄单品型短视频。

单品型短视频的内容呈现方式有字幕说明式和配音解说式。纯字幕说明式即指将产品放置在所处的生活场景中，单纯以字幕来体现商品外观和使用功能，如图2-10所示；解说式是

指短视频达人或红人以产品体验官的角色，围绕所推荐的商品，通过讲解的方式来呈现商品的使用过程及使用效果，如图 2-11 所示。

图 2-10　纯字幕说明式单品型短视频

图 2-11　达人解说式单品型短视频

> **小贴士**：达人解说式的短视频达人可以全身出境，也可以半身出境。达人一般会先向观众打招呼，然后说明要向观众开箱或推荐的产品是什么，之后一边开箱展示或使用商品，一边解说产品特点。对于此类短视频，达人是视频的主角，因此达人的人设要与视频中的产品风格统一。对于综合品类的电商来说，就可以多采用达人解说式短视频，利用短视频红人或开箱达人的人气来为产品助力。

2. 内容型短视频

内容型短视频是指以故事情节、教学评测、技能技巧等内容来间接带出商品的短视频。按内容来分，这类短视频一般可分为以下几类。

创意剧情类：内容主要是情景短剧、搞笑段子等，产品常通过台词、道具的方式植入剧情中。

评测类：内容主要是评测一类商品的优劣、功能、设计外观等，视频中达人常常会围绕产品的疑问点进行解答。如试吃评测常常会介绍食物的包装（如独立小袋、盒装）、食用方法（如开袋即食、自热）、味道口感（如麻辣、酸、脆）、价格等。常见的评测类短视频有美食评测、数码科技评测、美妆护肤评测等。图 2-12 所示为数码评测类短视频。

图 2-12　数码评测类短视频

科普类：内容主要是知识科普、技能技巧的分享，如生活小窍门、一日三餐的做法等。这类短视频常常会以视频关联同款商品的方式来实现带货，如分享美食制作方法的短视频，关联的商品可以是锅、食材等；科普调味品危害大不大的短视频，关联的商品就可以是调味品本身，如图 2-13 所示。

清单类：主要以主题清单的形式盘点或推荐某一类商品，如围绕 1.5m 的小个子的七夕约会装总结几款连衣裙；围绕轻便防晒遮阳伞这一主题推荐几款遮阳伞。图 2-14 所示为清单类的内容型短视频。

图 2-13　美食制作短视频关联所使用的调味品

图 2-14　清单类的内容型短视频

教学类：主要内容是教导用户学习或使用某一工具、技能等。比较常见的是教导用户使用 Word、Photoshop 等软件，或学习摄影、剪辑等。这类视频的产品通常是非实物类产品，如软件、设计服务、视频课程等。图 2-15 所示为教学类的内容型短视频。

图 2-15　教学类的内容型短视频

> **小贴士**：在选择短视频的内容方向时，要结合产品特性来选择合适的视频类型，只有两者相契合，才能更大程度地发挥短视频的营销效果。

2.2.3　策划电商短视频选题库

短视频要实现持续稳定的更新，建立选题库是很有必要的。选题时要以目标群体为核心，考虑用户的喜爱程度，常用的方法有以下几个。

图 2-16 "收藏"或"下载"短视频

1. 收集常规选题库

短视频的创作者要有意识地收集整理优质的短视频,将这些短视频的内容概要、标题整理成文档,方便日后策划短视频选题时获取灵感。收集整理优质短视频时也要掌握一定的技巧,以提高效率。首先可以在日常观看短视频时将其收藏,对于特别好的短视频,还可以下载下来,以便再次浏览观看。以"抖音"为例,在短视频播放界面点击"分享"按钮,在打开的页面可选择"收藏"或"下载"短视频,如图 2-16 所示。

对于日常收集整理的短视频,可以将其归类为常规选题库。常规选题库的内容可以很广泛,不管是搞笑段子还是心灵鸡汤,只要是觉得好的视频都可以放在其中,作为日后的灵感来源。

2. 建立爆款选题库

爆款选题库则可以通过对竞争对手的爆款视频进行整理或分析而得来。目前,市场上有很多短视频服务平台可以为我们提供竞争对手爆款视频数据,利用这些数据可以帮助我们更加快速地建立爆款选题库。

3. 建立热门话题选题库

热门话题通常具有一定的时效性,因此该选题库要把握两个关键词"新"和"热"。具体可结合热点关键词或节日来建立选题,比如中秋节快到了,那么"中秋"就可以作为一个热点,围绕中秋可以发散的选题有团圆、放假、礼物等。同时,也可以通过关键词挖掘工具来查看。

节日类的短视频选题一般需要提前 1~2 周策划,因为视频在节日当天发布蹭热度的效果才会更好。可以在电子日历中标注节假日、高考季等热门时点,并将过往比较热门的节日选题按照日期先后整理成文档,为日后做选题提供思路。

平时留意热门话题对于建立热门选题库很有帮助,如在"微博""知乎""头条"等网站上浏览内容时,看到比较热门的内容都可以记录下来。另外,还可以利用平台提供的趋势热点工具查看热门话题,如"抖音"的热搜榜、今日最热视频。

2.2.4 检查短视频选题是否合适

初步策划出选题后,还需检测其是否合适,能否与平台的生态相融合,然后适当地进行调整,可通过以下几点标准来自测。

1. 是否有敏感词汇

不同的平台都有一定的敏感词限定,即使这些词可能比较火,但也不能使用,比如广告法规定的违禁词,如"最""第一""绝对"等词汇,不管是在短视频标题还是内容中都不要使用。除了违禁词,一些常见的敏感词也要注意规避,如不文明用语、暴力词汇等。

在书写好一段文案后,可以用违禁词检测工具进行检测,查看是否含有限定词,如进入句易网站首页(http://ju1.cn/),输入文字内容,单击"文字过滤"按钮查询,标红的词汇就是违禁词或敏感词,如图 2-17 所示。

图 2-17　查询文字是否包含违禁词或敏感词

2. 是否有不能蹭的热点

在做短视频选题时，蹭热门话题常常是很多创作者的选择，但有的热点是蹭不得的。比如就有知名公众号曾因追热点不当，导致账号被封禁的情况。因此蹭热点也要把握好尺度，哪些热点能蹭，哪些不能蹭一定要心中有数。一般来说，涉及时政以及伦理道德的热点不能蹭，一些三观不正、哗众取宠、低俗的热点也不能蹭。

3. 是否符合平台生态

不同平台的短视频风格都有其各自的特点，比如"抖音""快手"偏轻娱乐化；而"淘宝""小红书"，其视频风格都具有一定的导购种草性；而"梨视频"则偏资讯类。针对不同的平台，我们要检测所策划的短视频选题是否符合其特性。

4. 是否足够垂直

短视频的选题内容不能太杂，专注一个内容方向，让视频足够垂直，这样才更容易提高账号的影响力。比如做评测类视频，那么选题内容要与评测有关，如果能专注一个领域就更好，比如专注美食评测、数码评测。

5. 是否新颖有创意

短视频发展到今天，同质化的内容有很多。在选题方面，内容是否新颖有创意，仍是短视频能否赢得粉丝喜欢的一个重要因素。特别是内容型短视频，更要注重这一点。只不过有新意的选题并不是一朝一夕就能做出来的，可能需要一定时间的试错。

在推送了一定量的视频，有了一定的粉丝基数后，找到适合的创意选题的概率会相对较大，因为可以通过账号数据分析，了解粉丝偏好，明确粉丝喜欢什么，不喜欢什么。

图 2-18 所示为创意新颖的零食短视频。

图 2-18　创意新颖的零食短视频

2.3　电商短视频内容要求

内容要求是短视频的硬性要求，创作的短视频只有符合平台基本规则，才能审核通过。下面就来看看不同平台对于短视频都有哪些规则要求，帮助我们做好前期的视频内容策划。

2.3.1 电商短视频内容规范

互联网上的短视频平台有很多,下面以常用平台为例,讲解这些短视频平台的基本要求规范。

1. 淘宝

"淘宝"对于短视频的内容有统一的规范要求,具体分为视频内容和商品要求两方面,如表 2-1 所示。

表 2-1 "淘宝"短视频要求规范

规范分类	内　　容
视频内容	➢ 长度应在 180s 以内,不能太长 ➢ 比例支持横版和竖版,为 1∶1、16∶9、9∶16 或 3∶4 ➢ 画质要求高清,720p 以上,格式为 mp4、mov、fliv 或 f4v ➢ 视频中不能用文字或口播方式传播其他平台的信息,如二维码、Logo、品牌信息等 ➢ 视频内容不能违反影视行业相关法律法规条例,不得出现违反广告法的信息 ➢ 用专业视频设备拍摄、剪辑的高品质短视频,镜头不卡顿抖动,构图美观,拒绝纯电视购物等广告类型 ➢ 视频内容叙事完整,无重复镜头 ➢ 不允许静态视频(画面长时间不动)、拼接视频(PPT 类视频)、360°静物转一圈拍摄 ➢ 外文视频要配有中文字幕,且字幕不能影响观看体验,不能有大范围黑边
商品要求	➢ 视频展示内容和下挂商品链接须是同款商品,即使不完全相同,也必须是类似同款商品 ➢ 一个视频里不能有重复的商品链接 ➢ 视频中商品要停留一定的时长,不能一闪而过

2. 抖音

"抖音"是以广大用户记录和分享为主的平台,平台的视频创作者很广泛,因此不像"淘宝"一样对短视频内容有详细的规范,只是对禁止发布和传播的内容进行了规范,短视频创作者可以在"抖音"App 中查看具体的行为准则。

登录"抖音"App 后,打开设置界面,点击"抖音规则中心"选项,进入"抖音规则中心"界面,在该界面中可以查看"抖音"平台对于电商、直播等不同方面的规则,点击"电商规则"选项,在打开的"规则中心"界面中可以根据需要查看"抖音"平台对不同行业和商品的规范要求,如图 2-19 所示。

3. 快手

"快手"对于短视频的基本内容要求与"抖音"有相似之处,只不过在规则上还对恶意行为内容进行了细化。进入快手"设置"界面,点击"关于我们"选项,在"关于我们"界面中点击"法律条款"选项,进入"法律条款"界面,提供了"快手"平台多种法律条款选项,在"法律条款"界面中点击"快手社区管理规范"选项,即可查看"快手"对于短视频内容的规范要求,如图 2-20 所示。

图 2-19 "抖音规则中心"界面

图 2-20 "快手社区管理规范"界面

2.3.2 单品型短视频内容要求

对于"抖音""快手"这样的短视频平台,用户发布的短视频一般只要符合通用的行为准则即可。这里主要以"淘宝"为例,讲解"淘宝"对于单品型短视频的内容要求。当然,这也可以作为在其他平台发布单品型短视频时的参考。

对于单品型短视频,首先需要满足"淘宝"对于短视频的基本要求规范。除此之外,单品型短视频的时长需要在60s以下,最好是9~30s,主体仅限于单个商品。内容上,要让消费者清楚所展示商品的功能特性,可以将核心卖点通过文字或解说的形式进行呈现。图2-21所示为某美食产品的宣传短视频。

图2-21 某美食的宣传短视频

单品型短视频的配音要注意一点,不能全程使用带歌词的音乐作为配音。另外,如果视频中要涉及使用场景,那么场景中也需要突出主体单品,如图2-22所示。

图2-22 突出主体单品在场景中的表现

2.3.3 内容型短视频内容要求

内容型短视频同样要符合短视频的基本要求规范,这类视频的内容形式很丰富,商品以软植入的方式出现在视频中。视频时长要求180s以下,以60~120s为宜。关联的商品要求与视频内容相关,且商品在视频中有完整的画面展示,如图2-23所示为评测型短视频,视频中关联商品都有完整画面。

对于内容型短视频而言,不同的视频类型,要求会有所不同,下面来看看常见的几类内容型短视频的要求。

创意剧情类:要求视频内容有创意,剧情故事要能吸引观看者,或感人或让人开怀一笑,剧情可以有反转。

图2-23 评测型短视频

评测类:要求不能是单一产品功能介绍的短视频,要说明所评测商品的优点或缺点。在视频中,要对所评测的商品做出客观评价,如果是专业评测,最好用专业仪器论证产品的优势特点。

科普类:要求所科普的内容要有一定的实用性,且要尊重事实,不可胡乱编造。

清单类:要求有一定的主题,且所盘点或推荐的商品要与主题相呼应,视频中要说明盘点的理由,商品要有可参考价值。

教学类:要给出重要步骤演示,对于步骤操作要通过讲解或字幕方式进行说明,视频中要给出最终成品展示。

> **小贴士**:内容型短视频的视频风格最好与潜在目标人群相关,这样才能吸引目标人群观看,另外,还要保证视频内容有一定的"种草"性,这样才能吸引目标人群下单。

2.4 打造爆款电商短视频

确定好短视频的选题后,就需要对短视频的内容进行设计了。在内容设计过程中,会涉及产品卖点提炼,视频脚本的书写,做好这几步将对我们打造爆款视频提供很大帮助。

2.4.1 商品展示要让用户秒懂

短视频的时长都很短,要在短时间内让消费者对产品充满信任,了解到产品的优势,那么在展示过程中,商品的核心卖点就一定要传达到位。比如,一款果汁饮品的宣传短视频,其产品优势是纯果汁压榨,如何在视频中体现纯真果汁这一优势就至关重要,在宣传短视频中不仅要对产品的外包装进行展示,还要对果汁饮品的原材料进行展示,体现出产品的新鲜与健康品质,如图2-24所示。

图2-24 果汁饮品的宣传短视频

在短视频中要用简单的直接的描述突出产品优点,这样才能在短时间内打动用户。另外,视频中对产品优势呈现应该是循序渐进的。

以卸妆水产品为例。在视频开始前几秒先抛出自己以前使用卸妆水时遇到的问题,比如卸不干净;然后引出自己最近买到的卸妆水,告诉用户原来卸妆不干净与使用方法不正确也有关;接着展示正确的使用方法和最终使用效果;最后再强化产品的其他卖点,比如一瓶可以用很久,全脸都可以用。这样循序渐进地推出产品会让用户更容易接受,"种草"效果也会更好。

如何让用户快速了解我们的产品,自然地接受我们的"种草",是我们在创作短视频脚本时需要注意的。

2.4.2 找到消费者关心的问题

对短视频中的商品进行卖点提炼可通过多种途径来进行,主要包括以下几种。

1. 图文详情页

对于电商卖家来说,在网店中都有自己的产品详情页展示,产品详情页就是卖点提炼的一个途径。在产品详情页中,商品的卖点其实已经有了提炼和总结,我们只需找出核心卖点并进行整理。

2. 买家问答社区

不少电商平台都提供了买家问答社区,在这里有意向的买家可以针对产品疑问点提问,买过的买家可以回答。问答社区汇集了买家关心的产品问题,而商品卖点也会在这些问答中得到体现。

3. 客服询单

很多买家在购买商品时会询问客服关于商品的问题,这些问题一般就是消费者对于商品的关注点。从这些问题中,也可以找到一些卖点。

2.4.3 清晰表达商品核心卖点

提炼出商品的核心卖点后,还需要在短视频中将卖点表达出来。在短视频中,最好的卖点呈现方式是证明,而非展示。那么什么才是证明呢,什么才是展示呢?

以粘钩为例,要在短视频中体现产品的核心卖点——承重力强。如果只是以产品展示+字幕的方式来体现承重力，那么说服力就不会那么强；如果我们在挂钩上挂上一大桶水，那么承重力强这一卖点就会得到很好的证明。前者就是展示，后者就是证明，如图2-25所示。

对于产品的核心卖点，在视频中以文字或讲解方式来呈现可以加强用户对产品的理解和记忆。所以，建议视频都以字幕＋解说的方式来展现。讲解的话用正常口述的方式即可，但要注意语速，不能太快或太慢。对于只有字幕没有解说的视频，最好配上背景音乐，可以让视频更有吸引力。

图2-25　粘钩商品的宣传短视频

短视频时长并不长，因此前几秒就不要出现无意义的片头了，如粒子类的过渡片头、倒计时片头等。对单品型视频来说，核心卖点最好在视频的前10秒就展现。

2.4.4　短视频脚本写作方法

对刚接触短视频的创作者来说，脚本可能是比较陌生的名词，其实我们可以将脚本看作是短视频的大纲，里面记录了短视频的拍摄概览。短视频的脚本并不会很复杂，主要由主题、提纲和分镜头脚本构成。在书写短视频时，也主要分这3步来做。

1. 明确主题

每一条短视频都有特定的主题，主题决定了短视频拍摄的主体以及类型。比如一款女装产品的短视频，主题是：今年流行的柠檬黄套装，显气质。从主题中就可以看出产品是女装套装，颜色是柠檬黄，特点是显气质。对于单品型短视频来说，主题一般为产品＋一段描述，如下所示。

个性时髦拼接两件套
气质女神衬衫连衣裙
人手一件时尚百搭牛仔裤
……

对于内容型短视频，主题就是视频的主要内容＋类型（如科普、剧情），如科普类短视频，主题可能是：蓝晶石的常识；怎样的袜子才适合夏天。

2. 搭建提纲

提纲主要说明短视频的框架和要点，起到提示的作用。比如一款箱包产品短视频的提纲包含了以下内容。

画面内容：达人出镜讲解
场景：室内
脚本：模特＋外观＋设计＋细节

3. 分镜头脚本

分镜头脚本是对视频内容的详解，后期视频的拍摄主要依据分镜头脚本来创作。分镜头脚本决定了视频的节奏，因此其内容相比提纲要丰富和详尽。如表2-2所示为一款抱枕产品的分镜头脚本。

从表2-2可以看出，分镜头脚本包括运镜、画面内容、字幕、时间等这几部分。根据需要，还可以在分镜头脚本中加上景别、拍摄手法、背景音乐等多项详细说明。对于分镜头文案中需要重点表达的内容，还可以标红或者用下画线来突出，以起到提示的作用。

对剧情类短视频来说，情节的连贯性是比较重要的，因此在设计分镜头脚本时一定要注意故事的逻辑性，避免观众看不懂故事情节。

表 2-2　抱枕产品的分镜头脚本

运镜	画面内容	字　幕	时间	表达意义
移	产品叠起来摆放展示（多角度）		4s	产品展示
移	产品图案展示	创意水果设计，活力四射	4s	图案展示
移	产品细节展示	水晶绒磨毛面料，绒面轻盈，柔软触感	4s	细节展示
定	拉开拉链	双向拉链设计，使用更便捷	3s	拉链
定	产品摊开展示	折叠抱枕，打开是被子	3s	产品摊开展示
定	不同款式展示	款式多样，任意搭配	4s	多种款式选择
移	不同场景应用展示：办公场景，沙发家居场景等	多功能靠垫被，小身材大用处	3s	不同场景应用

2.5　不同类型短视频的内容策划

短视频内容越来越多，类型也越来越多，如何寻找好的选题成了短视频创作者首先要关心的问题。目前短视频行业各类选题层出不穷，时尚类、美食类、猎奇类、旅行类等各类选题不胜枚举，本节将通过实例向读者介绍一些不同类型短视频的内容策划要点。

2.5.1　幽默喜剧类

幽默喜剧类短视频的受众比较广，其娱乐搞笑的内容能够引起大多数观众的兴趣。只要不涉及敏感内容，幽默喜剧类短视频就能够拥有众多移动端、PC 端观众。幽默喜剧类短视频中有一个很火的门类——"吐槽"类。

"吐槽"类短视频是非常受观众喜欢的一种短视频，此类短视频通常针对当前热点问题进行"吐槽"，其语言犀利、幽默，对很多问题一针见血，深受广大观众喜欢。但是对创作者来说，虽然是"吐槽"，但也要坚持正能量，并且不能触犯国家法律。

除此之外，"吐槽"的点要狠、准、深。所谓"狠"，就是要对他人的话语或是某个事件中的薄弱点进行言语比较犀利的"吐槽"。创作者要注意控制好"吐槽"的尺度，一方面不能太客气，以免"吐槽"不疼不痒，没有效果；另一方面要保持幽默感。所谓"准"，就是要抓准被"吐槽"的人或事的根本特点，避免对一些无关痛痒的内容进行"吐槽"。所谓"深"，是指"吐槽"不仅要为观众带去欢乐，还要揭示较为深刻的道理。这样"吐槽"类短视频才能走得更远。图 2-26 所示为"吐槽"类短视频截图。

图 2-26　"吐槽"类的短视频截图

2.5.2　生活技巧类

生活技巧类短视频同样有着不小的受众，短短几分钟就能学会一个可以使生活变得便捷的小窍门是广大用户所乐见的。生活技巧类短视频的基本诉求是"实用"，创作者在策划这类短视频时要注意以下 4 点。

1. 通俗易懂

这类短视频具有一个特点，即将困难的事变简单。比如一些软件公司制作这类短视频，其目的是教新手用户使用软件。短视频内容一定要通俗易懂，具体体现在话语通俗和步骤详细上，甚至在一些关键的地方要放慢节奏。

2. 实用性强

生活技巧类短视频的题材要贴近生活，并且能为用户带来生活上的便利。如果在用户观看完短视频之后，短视频并没有给其带来实质性的帮助，那么这样的短视频作品无疑是失败的。所以创作者在制作短视频前，一定要收集、整理、分析数据，看看目标用户在生活上有怎样的困难，然后针对性地制作短视频以帮助用户解决问题。此类短视频的实用性是非常重要的。图2-27所示为生活技巧类短视频截图。

图2-27　生活技巧类的短视频截图

3. 讲解方式有趣

一般来说，生活技巧类短视频比较枯燥。为了能更好地引起用户的兴趣，在讲解方式上，创作者可以采用夸张的手法，表现操作失误所带来的后果。

4. 标题新颖、具体

短视频标题的选取十分重要，一个好的标题往往能快速引起用户的注意，从而使用户产生观看短视频的欲望。因此，短视频标题一定要新颖、具体，比如"戒指卡住手指怎么办？一招轻松取下"就比"戒指卡住手指取下的方法"好很多；"活了20多年才知道手机插头还有这样的妙用，看完我也试一试"就比"手机插头还能这样用"吸引人；"胶带头难找？那是因为你没学会这3招"就比"如何快速找胶带头"新颖、具体很多。图2-28所示为新颖、突出的短视频标题。

图2-28　新颖、突出的短视频标题

2.5.3　美食类

美食类短视频在我国广受欢迎似乎并不需要什么特别的理由，几千年的美食文化注定了美食类短视频一定大有可为，并且能够在长时间内持续产出优质内容，毕竟几千年的积淀，总会有好的题材可以挖掘。

"民以食为天"，美食类短视频的受众群体是非常大的。一般来说，美食类短视频分为以下4类。

1. 美食教程类

美食教程，简单来说就是教用户一些做饭的技巧。"喊菜哥教做菜"现在的粉丝数高达四百多万，每条短视频平均都有近十万的播放量，由此可见用户对他的喜欢程度。在录制做菜视频时，带有明显的湖南口音，加上说话快、大声，备受网友喜爱。在短短几十秒的视频中，他用这种奇特的风格让大家很容易就记住了做菜的关键步骤。图2-29所示为"喊菜哥教做菜"的短视频截图。

图 2-29　美食教程类短视频截图

2. 美食品尝类

与美食教程类短视频截然不同，美食品尝类短视频的内容更简单、直接，其观众对美食的评价主要来自视频中人物的表情动作，以及人物对美食味道的感受。美食品尝类短视频通常有以下两种类型：一是美食品尝、测评，这类短视频像是一个美食指南，帮助观众发现、甄别、选择美食；二是"吃秀"，这类短视频通过比较直接、夸张的吃饭表演，给用户打造出一种模拟的真实感或猎奇感。图 2-30 所示为美食品尝类短视频截图。

图 2-30　美食品尝类短视频截图

3. 美食传递类

现代人生活节奏快，每天都要面对来自各方面的压力。通过在某种情境中制作美食来传递某种生活状态，成了美食类节目的一个爆点。在"日食记"的短视频中，不管是温和娴熟的制作手法，还是温馨浪漫的室内环境，都是经过精心策划的，这时的美食不单单是道菜品，更是忙碌的都市人追求的一种生活状态。图 2-31 所示为"日食记"的短视频截图。

4. 娱乐美食类

短视频对大众来说主要是忙碌之余的消遣品，所以搞笑、娱乐类的内容很容易吸引用户。美食类短视频也不例外，很多创作者都将美食类的内容以搞笑的方式进行呈现。"搞笑＋美食"增加了内容的娱乐性、趣味性，这类短视频更容易获取用户，而且用户群也相对更广泛。图 2-32 所示为娱乐美食类的短视频截图。

图 2-31　美食传递类短视频截图

图 2-32　娱乐美食类短视频截图

2.5.4　时尚美妆类

时尚美妆类短视频一直在女性用户中火爆，甚至也受到部分男性用户的青睐。用户观看该类短视频就是为了从中学习一些技巧来让自己变美，因此，创作者在策划这类短视频时，不仅要注意技巧的实用性，还要紧跟时尚潮流。

每个人对时尚的理解不同，而且时尚领域很复杂，因此，创作者在制作短视频之前，一定要进行大量的前期调研。比如当季流行服饰类短视频，在制作之前，创作者要对服装饰品的流行元素和常见的品牌有一定的了解。而对于个人穿搭类短视频，要求就简单很多，创作者只要将自己的穿搭经验分享给用户即可。图 2-33 所示为时尚类短视频截图。

图 2-33　时尚类短视频截图

美妆类短视频也深受广大用户的青睐。一般来说，美妆类短视频可以分为 3 种：技巧类、测评类和仿妆类。技巧类美妆短视频最受化妆初学者或是想要提高自己化妆技巧的用户欢迎。这类短视频在内容制作上要着重展示每一步化妆技巧，以便用户能轻松学习。测评类美妆短视频往往是由创作者对同类美妆产品进行试用和测评，然后给予对美妆产品了解较少或者在选品上犹豫不决的用户一些建议。仿妆类美妆短视频往往是创作者具备了一定的化妆技巧后，其按照明星的样子进行化妆，然后制作短视频。图 2-34 所示为美妆类短视频截图。

图 2-34　美妆类短视频截图

2.5.5　科技数码类

虽然科技数码类短视频的女性受众相对较少，但其仍不失为一类优质选题。首先，数码产品更新迭代快,这能为短视频创作带来源源不断的创作素材。其次,随着手机等个人数码设备的普及,人们对科技数码产品的兴趣逐渐增加,这意味着科技数码类短视频会有比较好的市场,而且能持续吸引目标受众群体。

在策划科技数码类短视频时,创作者首先要得到第一手信息,然后进行处理、加工,并传递给受众群体。不仅如此,在内容策划上,创作者还要给受众一个可以参考、比较的东西。比如在介绍新发布的手机时,如果仅介绍手机的整体外观、性能、工艺等如何优秀,就很难让受众有一个明确的概念,而如果把该款手机和其他同类产品做一个比较,用户对该款手机的认识就会深刻很多。图2-35所示为科技数码类短视频截图。

图2-35　科技数码类短视频截图

2.5.6　Vlog类

Vlog是博客的一种全新类型,英文全称为Video blog或Video log,意思是视频记录、视频博客、视频网络日志。Vlog作者以影像代替文字和图片,拍摄和制作个人Vlog,上传与网友分享。

通常一个Vlog视频长度在1~10分钟之间,内容大多为以拍摄者为主角的个人生活记录或具有个人特色的视频日记。这种以第一视角为主线的生活记录方式充分满足当代观看者对于美好生活的向往,使其能够在观看的同时与Vlog创作者产生某种程度上的共鸣与沟通,同时也因这种微妙的陪伴感而进一步提升观众对Vlog的收看欲望。

Vlog非常适合年轻人,能拍的东西有很多很多,比如记录日常生活,例如和孩子相处的点滴,也可以拍摄旅行日志、测评分享、技能展示等,都可以作为Vlog的主题。有时候,看起来平凡无奇的小视频,却更能勾起观众的共鸣。图2-36所示为旅行日志类Vlog短视频。

图2-36　旅行日志Vlog短视频

Vlog已经逐渐成为人们记录生活,表达个性最为主要的方式。在策划拍摄Vlog短视频时,需要注意以下几个方面:

(1)自然平凡的生活记录:一次旅行,一次展览,一次绘画,一次游戏都可以作为素材。

(2)独特的人格化:Vlog镜头言语、人物的特性和自我表达都很鲜明,既符合创作者真实记录的需求,又使受众获得情感联系与归属感。

(3)难度较高的创作门槛:Vlog需要博主精良的拍摄、规划和剪辑。

(4)短视频领域的审美区隔:Vlog短视频着重于自然、真实的叙述。旅行Vlog短视频反映出精致充实的生活态度,学习生活Vlog短视频透露独立自主的奋斗品质,这些都在迎合现代年轻人的审美品位。

图2-37所示为拍摄和后期

图2-37　美食制作Vlog短视频

制作都非常出色的美食制作类 Vlog 短视频。

2.5.7 开箱测评类

在 B 站，近一年有 1 亿用户观看开箱测评类视频，总计播放量达 200 亿，平均每人观看 200 个商品评测，这是个特别巨大的数字。换个角度来理解这件事，有 1 亿年轻人，每人每年主动看 200 个品牌的产品介绍视频，开箱测评本质就是趣味版的产品介绍与体验。

开箱测评类短视频为观众们提供了打开新世界大门的可能。物质世界的发展，五花八门的新产品层出不穷，让人们更想要追寻到底——这个产品到底是什么？怎么用？好用吗？盒子里装的是否如广告里描述的一般？而担心被骗或者疲于购买的人们只需要打开短视频平台，即可在与全世界共享好奇心的开箱视频里得到自己想知道的一切。

从封闭的瓦楞纸箱开始，一层层拨开包装到最后产品的完全露出，拆箱视频提供了原始的画面、全面的信息和无法作弊的视角。熟练的开箱博主用一个可以被观众信赖的身份取得产品，对产品进行初次使用或者尝试，并给予观众全面又详细的评测反馈。图 2-38 所示为开箱测评类短视频。

图 2-38　开箱测评类短视频

而到底是"拔草"还是"种草"，看完开箱视频，或许观众心里就有了答案。

开箱测评类短视频，我们可以从以下两个方面考虑其内容的策划。

1. 单品测评

开箱 + 单品测评，主要以真人出镜为主，画面干净，对产品外观进行简单描述，在试用过程中说明自己的感受。例如，常见的数码产品测评、化妆品测评等。图 2-39 所示为一款数码产品的开箱测评短视频。

2. 对比测评

选择同类产品进行对比测评，更具说服性，与生活相关的产品转化率更高。测评产品多为网红单品，展示产品细节，真实的测评感受更容易引起受众信任。图 2-40 所示为多款防晒霜产品的对比测评短视频。

图 2-39　数码产品的开箱测评短视频

2.6　本章小结

短视频可表达创作者的内心愿望和诉求，表达创作者的理念与观点，体现创作者

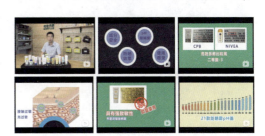

图 2-40　多款防晒霜产品的对比测评短视频

对社会的思考。本章主要介绍了电商短视频策划的相关内容，通过对本章内容的学习，读者能够掌握电商短视频策划的方法，并能够将其应用到短视频创作过程中。

第3章 图片与视频素材拍摄

要拍摄短视频的相关素材,离不开各种器材设备的使用。另外,要想拍出优质的短视频,还需要掌握一定的摄影手法和场景布置方法。除此之外,图片及视频拍摄既是技术手段又是艺术创作,要掌握画面形象的造型,就必须掌握一定的艺术造型手段,也就是掌握画面的构图方法。

本章将讲解电商图片与视频拍摄的相关知识,包括素材拍摄相关设备、拍摄的原则与要点、画面的结构元素、画面的色彩、画面的构图、拍摄运镜方式和拍摄场景布置等内容,使读者能够理解并掌握电商图片与视频的拍摄方法和技巧。

3.1 素材拍摄相关设备

拍摄图片和视频需要一定的专业技巧,尤其是拍摄几十秒的短视频,每个镜头都需要反复思考,有些视频还需要特殊的拍摄装备。所以短视频创作者选好设备,对拍摄短视频具有直接的影响。

3.1.1 基础拍摄器材

虽然手机的拍摄功能已经非常强大,但是相比于专业的拍摄器材,手机拍摄的质量仍然略显不足。目前常用的短视频拍摄设备有手机、单反相机、家用DV摄像机、专业级摄像机等。

1. 手机

手机的最大特点就是方便携带,我们可以随时随地进行拍摄,遇到精彩的瞬间就可以拍摄下来永久保存。但是因为不是专业的摄像设备,所以它的拍摄像素低,拍摄质量不高。如果光线不好,拍出来的照片容易出现噪点。而且用手机拍摄会出现手颤抖的情况,造成视频画面剧烈抖动,后期的视频衔接会出现"卡顿"。针对手机拍摄视频过程中的种种问题,我们可以用一些"神器"来助阵。

(1)手持云台

用手机进行拍摄时,可配备专业的手持云台,以避免因为手抖动造成的视频画面晃动等问题。手持云台适用于一些对拍摄技巧需求高的用户。图3-1所示为手持云台设备。

(2)自拍杆

作为一款风靡世界的自拍"神器",自拍杆能够帮助人们通过遥控器完成多角度拍摄动作,是拍摄短视频过程中的一款主力"神器"。该设备适用于一些常常外出旅游的短视频创作者。图3-2所示为自拍杆设备。

(3)手机支架

手机支架可以释放拍摄者的双手,将它固定在桌子上还能防摔、防滑。手机支架适用于拍摄时双手需要做其他事情的短视频创作者。图3-3所示为手机支架设备。

(4)手机外置摄像镜头

手机外置摄像镜头可以使拍摄出来的画面更加清晰,人物的形态也会更加生动、自然。

手机外置摄像镜头适用于想拍好短视频和享受短视频乐趣的任何人,其操作简单,价格不算贵。图 3-4 所示为手机外置摄像镜头设备。

图 3-1　手持云台设备　　图 3-2　自拍杆设备　　图 3-3　手机支架设备　　图 3-4　手机外置摄像镜头设备

2. 单反相机

单反相机是一种中高端摄像设备,它拍摄出来的视频画质比手机拍摄的效果好很多。如果操作得当,有的时候拍摄出来的效果比摄像机还要好。

单反相机的主要优点在于能够通过镜头更加精确地取景,拍摄出来的画面与实际看到的影像几乎是一致的。单反相机具有卓越的手控调节能力,可以调整光圈、曝光度及快门速度等,能够取得比普通相机更加独特的拍摄效果。它的镜头也可以随意更换,从广角到超长焦,只要卡口匹配完全可以随意更换。

但是单反相机的价格比较昂贵,并且它的体积较普通相机来说比较大,便携性比较差。单反相机的整体操作性也不强,初学者可能很难掌握拍摄技巧。单反相机没有电动变焦功能,这就使拍摄过程中会出现变焦不流畅的问题。部分单反相机的连续拍摄时间有限制,这样会造成因拍摄时间过短而使视频录制不全等问题。图 3-5 所示为单反相机。

3. 家用 DV 摄像机

家用 DV 摄像机小巧、方便,家

图 3-5　单反相机　　　图 3-6　家用 DV 摄像机

庭旅游或者活动的拍摄都可以使用,其清晰度和稳定性都很高,方便我们记录生活。尤其是它的操作步骤十分简单,可以满足很多非专业人士的拍摄需求;并且家用 DV 摄像机内部存储功能强大,可以长时间进行录制。图 3-6 所示为家用 DV 摄像机。

4. 专业摄像机

专业级摄像机常用于新闻采访或者参加会议活动,它的电池蓄电量大,可以长时间使用,并且自身散热能力强。

专业级摄像机具有独立的光圈、快门及白平衡等设置,拍摄起来很方便,但是画质没有单反相机的拍摄画质好。专业级摄像机的体型巨大,拍摄者很难长时间手持或者肩扛;它的价格昂贵,普通的专业级摄像机也要 2 万元左右。

> **小贴士:** 无论使用哪种短视频拍摄设备,都是为了帮助我们完成短视频的录制。选择哪种拍摄设备主要取决于我们的具体需求和预算,要根据具体情况而定。

3.1.2　拍摄辅助器材

辅助器材主要用于辅助图片和视频素材的拍摄,它能够让我们得到满意的成像效果,常用的辅助器材有以下几种。

1. 独脚架和三脚架

独脚架和三脚架的作用是保证相机或手机拍摄的稳定性,在拍摄一些长曝光的场景时,

比如拍摄延时摄影、夜景、流水等效果的视频时，手持相机或手机拍摄很容易因为手的抖动导致画面虚晃不清晰。有了独脚架和三脚架后就能稳定摄影器材，以实现某种摄影效果。图 3-7 所示为常见的独脚架和三脚架。

图 3-7　独脚架和三脚架

2. 稳定器

在拍摄一些运动的场景时，稳定器就很重要了，它能帮助抵消手持拍摄时的抖动问题。另外，稳定器还能帮助摄影师实现更多影像效果，如三维旋转、动态跟拍。

稳定器有很多品牌和型号，要根据自身的摄影设备来选择合适的稳定器。如果是单反相机，那么要选择承重较大的机型；对于一些微单相机来说，相比单反会更轻，可选择轻便机型的稳定器。

如果拍摄器材是手机，在选择稳定器时要考虑稳定器对手机的重量要求区间或机型，比如有的稳定器要求机型为 6.4 英寸以下的手机，有的稳定器支持的承重为 260 克以内。我们可以在稳定器"规格与包装"中了解其适用机型和承重区间。图 3-8 所示为常见的稳定器设备。

对于稳定器的选择，我们需要考虑两个因素：一是稳定器和使用的相机型号能否进行机身电子跟焦，如果不能，则需要考虑购买跟焦器；二是使用稳定器时，必须进行调平，虽然有些稳定器可以模糊调平，但是严格调平会使稳定器使用起来更高效。

3. 静物台

静物台多用于拍摄小型静物商品，在电商平台上，我们看到的很多白底商品视频就是利用静物台来拍摄的。从控制成本的角度出发，也可以利用背景布、纸板或板凳等工具，搭建一个简易的静物台来进行拍摄。图 3-9 所示为静物台设备。

4. 滑轨

借助滑轨可以将一些静态场景拍出动态效果，如左右平移、前后平移、旋转滑动的动态画面效果。图 3-10 所示为滑轨设备。

图 3-8　稳定器设备　　　　图 3-9　静物台设备　　　　图 3-10　滑轨设备

5. 收声设备

收声设备是容易被忽略的短视频设备，短视频主要由图像和声音构成，因此收声设备非常重要。

收声仅依靠机内话筒是远远不够的，因此需要外置话筒。常见的话筒包括无线话筒（又称小蜜蜂）和指向性话筒（也就是常见的机顶话筒）。

话筒的种类非常多，不同话筒适用于不同的拍摄场景。无线话筒一般更适合现场采访、在线授课、视频直播等环境，如图 3-11 所示为无线话筒。而机顶话筒（机顶麦）更适合现场收声的环境，例如微电影录制、多人采访等，如图 3-12 所示为机顶麦。

图 3-11　无线话筒　　　　图 3-12　机顶麦

> 小贴士：通常，为了更好地保证收声效果，如果相机具备耳机接口，尽可能使用监听耳机进行监听。另外，在室外拍摄时，风声是对收声最大的挑战，一定要用防风罩降低风噪。

3.1.3 灯光设备

灯光在短视频拍摄中起着重要的作用，被拍摄主体细节的呈现，轮廓的勾勒常常都需要借助灯光来实现。在短视频拍摄中，常用的光线有自然光、室内窗户光以及灯箱设备。

在户外拍摄时，如果天气很阴沉或者在背光环境下，为避免拍出的画面过暗，会使用反光板或补光灯来补光。而如果光线很强（如正午大太阳的环境下），那么要避免逆光拍摄，以免画面过曝，可选择树荫下或建筑物的背阴处来拍摄。在室内拍摄时，常常会利用室内窗户光，有时也会用到反光板，起辅助照明的作用，帮助更好地突出主体。图 3-13 所示为不同形状的反光板。

图 3-13　不同形状的反光板

在室内拍摄商品视频时，常常需要用到柔光箱，一般需要配备 3 盏灯。比较通用的布光方法是三点布光，由主灯来照亮被拍摄主体，辅灯来对暗部进行补光，如图 3-14 所示为常见的三点布光法。

图 3-14　常见的三点布光法

除了三点布光法外，在商品视频拍摄中，还会用到其他布光方式，常用的有以下 5 种。

（1）正面两侧布光：将柔光箱放在商品的正向两侧。这样的布光方法拍摄出来的商品视频不会有暗角，商品的整体也会得到很好的表现。图 3-15 所示为正面两侧布光示意图。

（2）两侧 45°布光：将柔光箱放在商品的左右两侧，倾斜 45°，对称布光，打亮商品的顶部。扁平的小件商品比较适合这种布光方式，如饰品。图 3-16 所示为两侧 45°布光示意图。

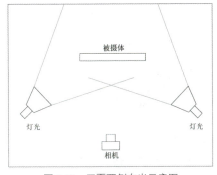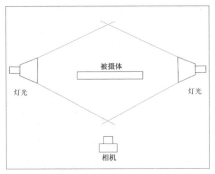

图 3-15　正面两侧布光示意图　　　　图 3-16　两侧 45°布光示意图

（3）背后两侧布光：将柔光箱放在商品的侧后方进行打光，拍摄透明、镂空类的商品常用这种布光方法。图 3-17 所示为背后两侧布光示意图。

（4）倾斜交叉布光：将一盏柔光箱放在商品的前侧，将另一盏放在商品的后侧，两者呈对角线。这种布光方式可以很好地呈现商品的层次和细节。图 3-18 所示为倾斜交叉布光示意图。

（5）倾斜交错布光：将一盏柔光箱放在商品的前侧，将另一盏柔光箱放在商品的一侧，两者不交叉对称，这种布光方式可以很好地体现商品的质感。图 3-19 所示为倾斜交错布光示意图。

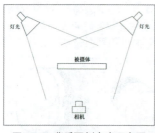 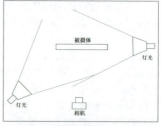

图 3-17　背后两侧布光示意图　　图 3-18　倾斜交叉布光示意图　　图 3-19　倾斜交错布光示意图

> **小贴士**：如果拍摄的短视频大多是达人解说式的自拍类短视频，那么准备一个美颜补光灯就很有必要。美颜补光灯可以让人物脸部显得更小、肤色显得更亮，适合用于化妆技巧拍摄、纹绣美甲拍摄等。

3.1.4　商品拍摄道具

不同的场景会为短视频营造不同的氛围，好的布景能帮助提升画面的整体效果，而在布景的过程中离不开各种道具的使用。

不同的产品都有其各自的使用场所，比如玻璃花瓶一般作为室内装饰品使用，这时就可以优先考虑是否利用客厅、餐厅这样现成的场景作为背景进行拍摄，然后再选择道具进行场景布置。

图 3-20　休闲躺椅的短视频布景

布景时要选择与被拍摄主体相契合的道具，比如休闲躺椅的短视频，可以选择人物在家庭中使用躺椅的场景，人物、其他家具都是相关的道具，如图 3-20 所示。

道具的选择要注重场景化的表达，以便在展现商品的同时，告诉消费者商品的使用场景。另外还要注意道具与主体的色彩搭配，可通过对比色或相近色等来烘托产品，提升画面的层次感。比如关于餐盘的短视频，食物道具可以是有反差的颜色，也可以是相近的颜色。图 3-21 所示为美食产品短视频的场景化表现。

图 3-21　美食产品短视频的场景化表现

拍摄场景中的道具只是起装饰的作用，所以不能太抢眼，要把作为主体的商品放在画面的中心位置，让人一眼看出想要展示的商品是什么。另外摆放商品和道具时也要有高有低、有远有近，以营造空间感，如图 3-22 所示。

图 3-22　突出商品道具辅助

3.2　拍摄的原则与要点

在照片或视频素材的拍摄过程中，为了确保获得优质的照片与视频画面，创作者必须遵循以下几点拍摄原则和要点。

1. 画面要平

画面要保持水平，这是正常画面的基本要求。如果画面不平，画面中的对象就会倾斜，容易使观众产生某种错觉，甚至会影响观看效果。

保证画面水平的要点如下。

① 使用具有水平仪的三脚架进行拍摄，可以调整三脚架三个脚的位置或云台的位置，使水平仪内的水银泡正好处于中心位置。

② 可以将与地面垂直的物体做参照，如建筑物的垂直线条、树木、门框等，使其垂直线与画面的纵边平行，就能够使画面水平。

2. 画面要稳

镜头晃动或画面不稳会使观众产生一种不安的心理，而且容易产生视觉疲劳。因此，在拍摄时要尽量保持镜头稳定，避免任何不必要的晃动。

保证画面稳定的要点如下。

① 尽可能使用三脚架拍摄固定镜头。

② 在边走边拍时，为减轻震动，双膝应该略微弯曲，与地面平行移动。

③ 在手持拍摄时使用广角镜头进行拍摄，可以增强画面的稳定性。

④ 推拉镜头与横移镜头最好借助摇臂、轨道车拍摄。图 3-23 所示为使用轨道车拍摄，图 3-24 所示为使用摇臂拍摄。

3. 摄像机的运动速度要匀

摄像机运动的速度要保持均匀，切忌时快时慢、断断续续，要保证节奏的连续性。

图 3-23　使用轨道车拍摄　　　图 3-24　使用摇臂拍摄

保证摄像机匀速运动的要点如下。

① 在使用三脚架摇拍时，首先要调整好脚架上的云台阻尼，使摄像机转动灵活，然后匀速操作三脚架手柄，使摄像机均匀地摇动。

② 在进行摄像机变焦操作时，采用自动变焦比手动变焦更容易实现摄像机的匀速运动。

③ 在拍摄推拉镜头与移动镜头时，要控制移动工具匀速运动。

4. 画面要准

要想通过画面构图准确地向观众表达出创作者要阐述的内容，就要求拍摄对象、范围、起幅、落幅、镜头运动、景深运用、色彩呈现、焦点变化等都要准确。

保证画面准确的要点如下。
① 领会编导的创作意图，明确拍摄内容和拍摄对象。
② 勤练习，掌握拍摄技巧。例如，运动镜头中的起幅、落幅要准确，即镜头运动开始时静止的画面点及结束时静止的画面点要准确，时间够长，起幅落幅画面一般要有 5s 以上，这样才能方便后期的镜头组接。又如，对于有前、后景的画面，有时要把焦点对准前景物体，有时又要把焦点对准后景物体，可以利用变焦点来调动观众的视点变化。再如，可以通过调整白平衡使色彩准确还原。

5. 画面要清

清是指拍摄的画面清晰，主要是保证主体的清晰。模糊不清的画面会影响观众的观看感受。
保证画面清晰的要点如下。
① 拍摄前注意保持拍摄设备的清洁，在拍摄时要保证聚焦准确。为了获得聚焦准确的画面，可以采用长焦聚焦法，即无论主体远近，都要先把镜头调整到焦距最长的位置，调整聚焦环使主体清晰，因为这时的景深小，易准确调整焦点，然后调整到所需的合适的焦距进行拍摄。
② 当拍摄物体沿纵深运动时，为了保证物体始终清晰，有 3 种方法：一是随着拍摄物体的移动相应地调整镜头以聚焦；二是按照加大景深的办法进行一些调整，如加大物距、缩短焦距、减小光圈；三是采用跟拍，始终保持摄像机和拍摄物之间的距离不变。

3.3 拍摄运镜方式

在进行短视频正式拍摄之前，我们需要能够理解短视频拍摄的专业运镜知识，这样有助于我们在短视频拍摄过程中更好地表现视频主题，表现出丰富的视频画面效果。

3.3.1 拍摄角度

选择不同的拍摄角度就是为了将被拍摄对象最有特色、最美好的一面反映出来。当然，不同的拍摄角度肯定会得到截然不同的视觉效果。

1. 平拍

平视角度是最接近人眼视觉习惯的视角，也是短视频拍摄中用得最多的拍摄角度。平视拍摄就是拍摄设备的镜头与被拍摄主体都在同一水平线上，由于最接近于人眼视觉习惯，所以拍摄出的画面会给人以身临其境的感觉。采用平视拍摄可以给人以平静、平稳的视觉感受。平拍适合用在近景和特写的拍摄题材上。图 3-25 所示为平拍的画面效果。

> **小贴士**：平视拍摄有利于突出前景，但主体、陪体、背景容易重叠在一起，会对空间层次表现方面产生不利，因此在平视拍摄时，我们要通过控制景深、构图来避免重叠在一起的现象出现。

2. 仰拍

仰拍一般情况下是拍摄设备处于低于拍摄对象的位置，与水平线形成一定的仰角。这样的拍摄角度能很好地表达景物的高大，比如拍摄大树、高山、大楼等景物。由于采用的是仰视拍摄，视角有透视效果，所以拍摄的主体形成上窄下宽的透视效果，这样的画面就给人以高大挺拔的感觉。图 3-26 所示为仰拍的画面效果。

图 3-25　平拍的画面效果　　　　　　　图 3-26　仰拍的画面效果

在仰视拍摄中，如果我们选用广角镜头拍摄，可以相比于普通镜头产生更加夸张的视觉透视效果；镜头离拍摄主体越近，这种透视效果会越明显，由此带给观众夸张的视觉冲击。

3. 俯拍

俯拍是指拍摄设备位置高于人的正常视觉高度向下拍摄。将拍摄设备从较高的地方向下拍摄，与水平线形成一定的俯角，随着拍摄高度的增加，俯视角（俯拍范围）也在变大，拍摄景物随着高度的增加，透视感在不断增强，最终，在理论上景物会被压缩至零而呈现平面化的效果。图 3-27 所示为俯拍的画面效果。

俯拍在产品拍摄中运用得比较多。根据产品展示的需要，俯视的角度要进行变化，如 30°、90°等。

4. 倾斜角度

选择倾斜视角进行拍摄，能够让画面看起来更加活泼、更具有戏剧性。在采用倾斜角度进行拍摄时，画面中最好不要有水平线，水平线条会让画面产生严重的失衡感，看起来很不舒服。图 3-28 所示为倾斜角度拍摄的画面效果。

图 3-27　俯拍的画面效果　　　　　　图 3-28　倾斜角度拍摄的画面效果

3.3.2　固定镜头拍摄

固定镜头拍摄是指在摄像机的位置不动、镜头光轴方向不变、镜头焦距长度不变的情况下进行的拍摄。固定镜头这种"三不变"的特点，决定了镜头画框处于静止状态。需要注意的是，虽然画框不变，但画面表现的内容对象可以是静态的，也可以是动态的。固定镜头画框的静态给观众以稳定的视觉效果，保证了观众在视觉生理和心理上得以顺利接受画面传达的信息。图 3-29 所示为固定镜头拍摄的画面效果，拍摄镜头保持固定，拍摄人物手部动作的变化。

固定镜头是短视频作品中广泛应用的基本镜头形式。一切运动形式都是以静止为前提的，因此，固定镜头拍摄是运动镜头

图 3-29　固定镜头拍摄的画面效果

拍摄的前提和基础。拍摄者只有掌握了固定镜头拍摄的技能，才有可能更好地运用运动镜头拍摄。下面向大家介绍 3 个固定镜头拍摄的小技巧。

1. 镜头要稳

固定镜头画框的静态性要求固定镜头拍摄的画面要稳定，否则就会影响画面内容的质量。凡是有条件的都应该尽可能使用三脚架或其他固定摄像机机身的方式进行拍摄。

2. 静中有动

由于固定镜头画框不动，构图保持相对的静止形式，容易产生画面呆板的感觉，因此要特别注意捕捉或调动画面中的活动元素，做到静中有动、动静相宜，让固定镜头也充满生机和活力。

3. 合理构图

固定镜头拍摄非常接近于绘画和摄影，因而也注重构图。在拍摄时，选择拍摄的方向、

角度、距离，注意前后景的安排以及光线与色彩的合理运用，实现画面的形式美，增强画面的艺术性和可视性。

3.3.3 运动镜头拍摄

短视频是动态影像，会大量使用运动镜头，在拍摄时加入一些运镜技巧，可以让视频看起来更有吸引力。在摄影中，运镜的技巧有推拉、摇移、升降、变焦等。熟练掌握这些运镜技巧，会给所拍摄的视频增添很多惊喜。

1. 推拉镜头

推拉是很常用的运镜技巧，推镜头是指被拍摄主体保持不动，摄像机镜头向主体逐渐靠近。由于摄像机会由远及近地向主体推进，所以通过推镜头可以让主体逐步得到突出，次要对象则慢慢被移出画面之外，如图 3-30 所示。

图 3-30 推动镜头让主体逐渐放大

当需要突出主体，描述被拍摄产品的细节时就可以使用推镜头。在推进的过程中，观众会随着镜头的移动，感受到由弱到强的画面变化，从而引导观众注意被拍摄主体的细节，这就是推镜头所带来的突出效果。

拉镜头与推镜头相反，是指被拍摄主体保持不动，摄像机镜头逐渐远离被拍摄对象。拉镜头的起幅一般是特写或近景镜头，随着镜头向后移动，画面中所涵盖的信息会越来越多，被拍摄对象也会由大变小，如图 3-31 所示。

图 3-31 拉动镜头让主体逐渐缩小

拉镜头能够起到交代被拍摄对象环境的作用，另外，通过拉镜头衔接近景、中景和远景，也能起到自然过渡的作用。推拉运镜技巧适合沿直线行进的画面拍摄，在运用向前推进或向后拉远镜头时，要规划好路线的起点和终点。

2. 摇镜头

摇镜头是指摄像机所处的位置不发生改变，借助三脚架的云台，让镜头上下、左右或旋转拍摄。可以把摇镜头看成人物的眼睛，人保持原地不动，视角跟着眼睛的转动而变化。

当一个画面无法呈现出所要展现的景物时就常常使用摇镜头，比如拍摄山川、大海时，为展现景物的开阔，就用摇镜头来获取更广阔的画面效果。在拍摄动态的场景时，也可以用摇镜头，比如拍摄奔驰的汽车前行过来并开走的画面，用摇镜头就可以表现汽车行驶的状态。图 3-32 所示为摇镜头运镜拍摄的画面效果。

图 3-32 摇镜头拍摄的画面效果

3. 移镜头

移镜头是指摄影机在水平方向移动拍摄，就好比边走边看。在表现形式上，移镜头和摇镜头有相似之处，但移镜头的摄像机机位会发生改变，所以拍出来的画面会更有动感，视觉效果也更强烈，如图 3-33 所示。

移镜头分为左右横向移动、上下竖向移动以及不规则移动，在移动时摄像机要匀速运动，以让画面看起来平稳流畅。

4. 跟镜头

跟镜头强调的是"跟",指摄影机与被拍摄物体保持等距离,跟随其运动轨迹而移动。

跟镜头可以让观众视线牢牢锁定被拍摄主体,常用于表现人物的运动过程。在跟镜头画面中,被拍摄主体与摄像机的相对位置不会发生改变,但周围的背景环境却会发生变化,这就会给观众身临其境的感受,营造出现场感和参与感。图3-34所示为跟镜头拍摄的画面效果。

图 3-33 使用移镜头逐渐呈现被拍摄物体

图 3-34 使用跟镜头拍摄的效果

5. 升降镜头

升降镜头是指摄像机做上下运动拍摄,以便让画面有空间感,常用于表现大范围场面,比如航拍、音乐会。在使用无人机拍摄风景的过程中,升降镜头就运用得比较多。

在商品摄影中,也可以用升降镜头来表现商品的细节以及整体外观特征,如图3-35所示。

图 3-35 使用升降镜头拍摄的效果

6. 环绕镜头

环绕是指摄像机与被拍摄主体保持一定的半径距离,然后围绕着主体做圆周移动拍摄。这种拍摄手法能让被拍摄主体保持在圆心位置,可以360°呈现产品的外观特征,如图3-36所示。

从图3-36可以看出,环绕拍摄不会使画面的构图发生改变。根据主体展示的需要,环绕的角度和方向可随机变化,如30°、60°等。

图 3-36 使用环绕镜头拍摄的效果

7. 综合性镜头

综合性镜头是指推、拉、跟等运镜方式综合运用在一起进行拍摄。根据不同的组合方式,综合性镜头能呈现出不同的视觉效果,比如先推镜头再摇镜头或者先升镜头再平移镜头。在短视频拍摄过程中,摄影者要灵活运用各种运镜方式,这样才能拍出更好的作品。

3.4 拍摄场景布置

在拍摄商品型短视频时,为了让商品看起来自然,会搭建一个场景,为单调的产品营造场景化氛围,让其看起来更真实。同时,很多时候也会结合道具来表现产品的质感、颜色等。

3.4.1 搭建小型摄影棚

店内销售的商品如果是小件商品,如珠宝首饰、配件配饰等,就可以搭建一个小型摄影棚来拍摄。小型摄影棚的搭建比较简单,在网上购买折叠型的小型摄影棚,然后将其撑开,如图3-37所示。

搭建好小型摄影棚后,在摄影棚中摆放好商品和道具,然后根据拍摄需要调整灯板位置和

图3-37　折叠型小型摄影棚

角度，旋转调光器按钮调整灯光的亮度，让打光合理。图3-38所示为某小型摄影棚的打灯方式。

利用小型摄影棚也可以实现多角度拍摄，如俯拍、正面拍摄，如图3-39所示。

图3-38　某小型摄影棚的打灯方式　　　　　图3-39　通过小型摄影棚实现多角度拍摄

> **小贴士**：在小型摄影棚拍摄商品旋转视频时，可以搭配转盘来辅助拍摄，这样会更加方便。拍摄转盘有不同的尺寸，可根据商品的尺寸、重量来选择。

图3-40　使用背景布作为背景布置室内拍摄场景

3.4.2　室内场景布置

短视频的室内拍摄场景可选颜色简约的桌子、纯色的窗帘或干净的墙面作为背景，如果没有合适的墙面，也可以用背景布来布景。图3-40所示为使用不同颜色背景布布置室内拍摄场景。

背景布有不同的颜色，如白色、灰色、咖色等，为避免画面色彩过于杂乱，一般选纯色的背景布即可。产品的颜色要与背景布的色彩相协调，为保险起见可选白色或灰色，这两个色系比较百搭。

作为拍摄背景的桌子不能太小，餐桌、书桌都可以，如果桌面花纹与商品不是很搭，可准备一些纯色或有花纹的布来搭配，比如格子桌布，如图3-41所示。

将窗帘作为室内背景，一般以白色的轻纱为背景。在白纱前面放上被拍摄的商品和道具，利用窗户光来拍摄，如图3-42所示。

拍摄达人解说式的短视频，干净的墙面就常常作为背景，在达人前方还会放置一张桌子，用于摆放商品，如图3-43所示。

图3-41　选择格子桌布作为拍摄背景　　图3-42　选择窗帘作为室内背景　　图3-43　选择干净的墙面作为背景

3.4.3　户外场景选择

对于服装鞋包、户外运动等产品，室外也是比较好的拍摄场景。室外拍摄短视频，场所的选择很重要。要根据产品风格来选择，以服装类产品视频为例，小清新时装风格就可选择校园的足球场或篮球场、公园草地或座椅作为拍摄场景；流行服饰就可选择商业街、格调门店的橱窗外等；古风服饰可选择古镇、荷花池塘或者有亭台楼阁的植物园等。

另外，在选择时还要看所处的环境是否干净简洁，不要选择太过脏乱的环境。如图3-44所示为室外拍摄的无人机演示短视频，可以看到选择了景色优美的空旷公园，看起来空旷、优美。

图3-44　室外拍摄的无人机短视频

内容型短视频则要根据内容需求来选择户外场景，比如街道、公交车上、地铁站台、小区等，如图3-45所示。

在室外拍摄，容易受光线、天气等因素的影响。一般来说，选择早上或傍晚时分拍摄会比较好。拍

图3-45　室外拍摄的短视频

摄过程中也可以结合道具来突出主题，比如古风服饰在拍摄时可以搭配纸扇、纸伞、吊坠等道具，流行服饰可搭配手提包、墨镜等道具。

3.5　拍摄画面的色彩

色彩是短视频的重要造型元素和主要表现手法。色彩除了再现现实生活中的自然颜色，还可以表达人们的某种情绪和感受。因此，我们需要了解并掌握色彩的特征及其作用，在进行短视频拍摄时充分发挥色彩对视觉形象的造型功能和表意功能。

3.5.1　色彩的基本属性

每一种色彩同时具有3个基本属性：色相、明度和饱和度。它们在色彩学上称为色彩的3大要素或色彩的3属性。

（1）色相

色相是指色彩的"相貌"，是一种颜色区别于另外一种颜色的最大特征。色相是在不同波长光的照射下，人眼所感觉到的不同的颜色，如红、橙、黄、绿、青、蓝、紫等。色相由原色、间色和复色构成。

（2）明度

明度是眼睛对光源和物体表面明暗程度的感觉，是由光线强弱决定的一种视觉经验。

在无彩色中，明度最高的色彩是白色，明度最低的色彩是黑色。在有彩色中，任何一种色相都包含明度特征。不同的色相，它们的明度也不同。黄色为明度最高的有彩色，紫色为明度最低的有彩色。

（3）饱和度

饱和度（又称为纯度）是指色彩的纯正程度。纯度越高，色彩就越鲜艳。饱和度取决于色彩中含色成分和消色成分（灰色）的比例，含色成分越大，饱和度越高；消色成分越大，饱和度越低。各种单色光是最饱和的色彩。

3.5.2　色彩的造型功能

色彩的造型功能通过色彩之间的协调或对比来实现。创作者可以对画面中不同色彩的明度、比例、面积、位置进行配置，使画面产生明暗、浓淡、冷暖等色彩对比，进而实现造型目的。

色彩基调是指短视频作品的色彩构成总倾向。色彩的造型不仅体现在具体场面的单个镜头中，而且可以体现在整个短视频的总体基调设计中。创作者应该根据短视频内容来选择合适的色彩基调。

一般来说，色彩基调按照色性可以分为暖调、冷调和中间调。暖调包括红、橙、黄及与之相近的颜色；冷调包括青、蓝及与之相近的颜色；中间调包括黑、白、灰等中性颜色。按照色彩的明度划分，色彩基调可以分为亮调和暗调。

图 3-46 所示为暖调的蛋糕短视频画面效果，给人感觉美味、温暖、诱人。

图 3-46 暖调的蛋糕短视频画面效果

图 3-47 所示为冷调的深海小鱼零食短视频画面效果，带给人深邃、清凉的感觉。

图 3-47 冷调的深海小鱼零食短视频画面效果

3.5.3 色彩的情感与象征意义

人类在长期的生活实践中，对不同的色彩积累了不同的生活感受和心理感受，拥有了不同的色彩情感。一般而言，暖色给人带来热情、兴奋、活跃、激动的感觉；冷色给人以安宁、低沉、冷静的感觉；中间色则没有明显的情感倾向。

在短视频的特定情境中，每一种色彩都具有独特的情感意义，有的色彩在表现上往往还具有双重或多重的情感倾向。表 3-1 所示为色彩的基本情感倾向和象征意义。

表 3-1 色彩的基本情感倾向和象征意义

色彩	情感倾向和象征意义
红色	具有热烈、热情、喜庆、兴奋、危险等情感。红色是最醒目、最强有力的色彩，它既可以象征喜悦、吉祥、美好，也可以象征温暖、爱情、热情、冲动、激烈，还可以象征危险、躁动、革命、暴力
橙色	具有热情、温暖、光明、成熟、动人等情感。橙色通常会给人一种朝气与活泼的感觉，它通常可以使人由原本抑郁的心情变得豁然开朗
黄色	具有辉煌、富贵、华丽、明快、快乐等情感。黄色给人以以明朗和欢乐的感觉，它象征着幸福和温馨。在我国历史文化传统中，黄色又象征着神圣、权贵
绿色	具有生命、希望、青春、和平、理想等情感。绿色是春意盎然的色彩，它代表着春天，象征着和平、希望和生命
青色	具有洁净、朴实、乐观、沉静、安宁等情感。青色通常会给人带来凉爽清新的感觉，而且青色可以使人原本兴奋的心情冷静下来
蓝色	具有无限、深远、平静、冷漠、理智等情感。蓝色非常纯净，通常让人联想到海洋、天空和宇宙，它是永恒、自由的象征。纯净的蓝色给人以美丽、文静、理智、安详与洁净之感。同时蓝色又是最冷的色彩，在特定的情境下，给人一种寒冷的感觉，其象征着冷漠
紫色	具有高贵、优雅、浪漫、神秘、忧郁等情感。灰暗的紫色是象征伤病、疾病的颜色，容易造成人们心理上的忧郁、痛苦和不安。明亮的紫色好像天上的霞光、原野上的鲜花、情人的眼睛，动人心神，使人感到美好，因而其常用来象征男女之间的爱情
黑色	具有恐怖、压抑、严肃、庄重、安静等情感。黑色容易使人产生忧愁、失望、悲痛、死亡的联想
白色	具有神圣、纯洁、坦率、爽朗、悲哀等情感。白色容易使人产生光明、爽朗、神圣、纯洁的联想
灰色	具有安静、柔和、消极、沉稳等情感。灰色较为中性，象征知性、老年、虚无等，使人联想到工厂、都市、冬天的荒凉等

小贴士：在短视频拍摄中，创作者要把握好光源的色温性质对色彩还原产生的影响，正确处理好被拍摄物体自身的色彩、周围的环境色彩及照明光源的色彩三者之间的关系，保持影调色彩的一致性。

在构图的色彩因素运用中，一方面，创作者要注意对画面主体、陪体和背景的色彩关系进行合理配置，以形成画面色彩的对比和呼应，从而突出主体、渲染气氛；另一方面，创作者要注意色彩的情感意义和象征意义，通过色彩的合理运用，使画面具有视觉冲击力和艺术表现力。

3.6 拍摄画面的构图

在摄影摄像中，构图是很重要的，每拍摄一帧视频，都会涉及构图。同样一个场景，构图不同，画面的表现力以及表达的主题就可能完全不同。成功的构图能够使作品的重点突出，画面有条理且富有美感，令人赏心悦目。

3.6.1 构图法则

摄影构图有一个比较基础的法则，即画面要做到简洁明了，主体突出。简洁明了是指画面要简洁不杂乱，让观众一眼就了解到所要表达的内容；主体突出是指被拍摄主体应处于画面的视觉中心，做到鲜明突出。

图 3-48 所示的摄影画面，画面中只有饮料产品包装和椰壳装饰，没有其他干扰物，背景也很干净，很容易看出画面的主体是饮料产品。图 3-49 所示的摄影画面，画面中心是用玻璃杯装满的饮料，饮料产品包装则作为背景并进行了虚化处理，同样可以看出主体是饮料产品，突出表现饮料本身的色泽。

图 3-48　主体位于画面中心突出表现　　图 3-49　对背景进行虚化处理突出主体

通过上面两例我们可以知道，做到主体突出可以采用两种方式：一是背景干净，减少画面中的干扰元素；二是让主体清晰，虚化背景或其他干扰元素。在拍摄商品视频时，如果能做到背景简洁，让商品本身清晰突出，会更容易让消费者记住我们的产品。

3.6.2 中心构图

中心构图是指将被拍摄主体置于画面的中心，这种构图方式能够让视觉重心自然地集中在被拍摄主体上，起到突出商品的作用。在利用旋转运镜方式拍摄商品时，就可以采用这种构图方式，如图 3-50 所示。

对于本身具有动态功能呈现的商品来说，可以将其放在画面中心后保持位置不变，打开电源启动商品，让消费者了解其功能。

图 3-50　使用中心构图拍摄的画面

将商品摆放在中心位置后，还可以通过上下平移、升降或推拉镜头来呈现商品的外观。比如拍摄蛋糕的短视频，将蛋糕产品放在画面中心后，镜头逐渐靠近蛋糕，呈现由远到近的动态影像，同时也很好地表现出蛋糕产品的细节，如图 3-51 所示。

图 3-51　使用中心构图拍摄蛋糕产品视频

对于开箱评测的内容型视频,一般采用的也是中心构图,将评测的商品放在中心位置,然后一边开箱一边讲解商品功能特点,人物或商品始终保持中心位置不变,如图 3-52 所示。

图 3-52　使用中心构图拍摄开箱测评类视频

3.6.3　九宫格构图

九宫格构图是指将画面按照"井"字分为 9 个格子,将被拍摄主体放在 4 个交叉点上,这种构图方法比较常用和实用。现在的智能手机和相机一般都提供了九宫格构图线,在拍摄时可打开构图线辅助拍摄,只需将被拍摄主体安排在交叉点上即可。图 3-53 所示的画面就是采用的九宫格构图法,可以看出主体分别被放置在了画面的左上角和右下角。

拍摄短视频无论横竖都可以运用九宫格构图法。被拍摄物体可以安排在单点上,如左下单点、右上单点;也可以安排在双点上,如对角交叉点、左侧双点。以横着拍摄为例,可让被拍摄主体接近九宫格左侧的轴线,也可以让其接近右侧的轴线,如图 3-54 所示。

图 3-53　使用九宫格构图拍摄的画面　　　　图 3-54　使用九宫格构图拍摄的横屏画面

竖着拍摄时,将被拍摄主体安排在垂直的两个交叉点上,可以给人以延伸感。拍摄人物时,使用这种方式可以让人物更显高,如图 3-55 所示。

3.6.4　对称构图

对称构图是指让画面呈左右、上下或斜线对称,这种构图方式能带来平衡感,在拍摄建筑、风景等题材时,就常运用这种构图方式,如图 3-56 所示。

图 3-55　使用九宫格构图拍摄的竖屏画面

在对称构图中,比如桥栏、地平线以及建筑物的中轴线常常会成为构图的对称轴。在运用对称式构图时要注意端平手中的摄影器材,避免对称轴歪斜,这样拍出来的画面才会好看。

有时,为了让对称式构图显得不那么呆板,可以让对称轴不完全居中,或在画面中加入一点不对称的元素,让画面富有变化。比如在风光摄影中,以三分线来规划对称轴,并在画面中纳入一些前景。图 3-57 所示为在对称构图中加入不对称元素,丰富画面表现。

图 3-56　使用对称构图拍摄的风景　　　　图 3-57　在对称构图中加入不对称元素

拍摄产品视频可以利用倒影板来构建有倒影的对称式构图画面。

倒影板有白色的，也有黑色的。白色倒影板拍出来的阴影会比较淡，黑色倒影板所呈现的倒影会比较清晰。

具体使用白色倒影板还是黑色倒影板要根据产品特性来选择，一般在拍摄手表、珠宝首饰等产品时，为体现产品的高级感会使用黑色倒影板；拍摄化妆护肤品以及其他居家用品时，比如钱包、洗发水、水杯等，就常常使用白色倒影板。图3-58所示为白色和黑色倒影板示意图，可以看出在阴影呈现上有一定的差别。

图 3-58　白色和黑色倒影板所呈现的差别

> **小贴士：** 倒影板配合灯光来使用可以更好地呈现产品的立体感，所以在拍摄时最好配合摄影棚和灯箱来使用。

3.6.5 斜线构图

斜线构图是指让画面沿着斜线分布，这种构图方式可以让画面显得活泼动感，并且画面中的斜线会成为引导线，吸引浏览者的目光。

在实际拍摄时，要善于去发现斜线，比如桥梁、山脉、并列的物体等，这些景物都可以构建出斜线。图3-59所示为风光摄影中斜线构图的运用。从图中可以看出，向远处延伸的道路可以构建出斜线，仰拍的建筑也可以构建出斜线。在画面中，斜线倾斜角度不同，所带来的延伸感也会不同。

拍摄产品时可以通过物体的摆放方式来构建斜线，使得画面看起来更生动活泼，如图3-60所示。

图 3-59　风景摄影中斜线构图的运用

图 3-60　通过物体摆放构建斜线

拍摄产品视频可以利用倒影板来构建有倒影的对称式构图画面。

在拍摄视频时，将产品斜向摆放后，可以通过移动镜头的方式来逐渐呈现产品的颜色、外观等特性，如图3-61所示。

斜线构图在横屏和竖屏拍摄中都可运用，竖屏拍摄时可将多个产品竖向斜线排列，让画面空间更有表现力。图3-62所示为斜线构图在竖屏拍摄中的运用。

图 3-61　使用移镜头拍摄斜向摆放的产品

3.7　拍摄画面的结构元素

一个内容完整的镜头画面的结构元素主要包括主体、陪体、环境（前景、背景）和留白等，本节将分别对短视频画面的结构元素进行介绍。

图 3-62　斜线构图在竖屏拍摄中的运用

3.7.1 主体

主体是短视频画面的主要表现对象，是思想和内容的主要载体和重要体现。主体既是表达内容的中心，也是画面的结构中心，在画面中起主导作用。主体还是拍摄者运用光线、色彩、运动、角度、景别等造型手段的主要依据。因此，构图的首要任务就是明确画面的主体。

短视频画面主体往往处于变化之中。在一个画面里，可以始终表现一个主体，也可以通过人物的活动、焦点的虚实变化、镜头的运动等不断改变主体形象。图 3-63 所示为牛仔骨商品的宣传短视频，无论如何运镜拍摄，牛仔骨商品始终是短视频画面的主体。

图 3-63　商品始终是短视频画面的主体

> **小贴士**：主体可以是人或物，也可以是个体或群体。主体可以是静止的，也可以是运动的。

1. 主体在画面中的作用

（1）主体在内容上占有绝对重要的地位，承担着推动事件发展、表达主题思想的任务。
（2）主体在构图形式上起主导作用，主体是视觉的焦点，是画面的灵魂。

2. 主体的表现方法

突出画面主体有两种方法：一是直接表现；二是间接表现。直接表现就是在画面中给主体以最大的面积、最佳的照明、最醒目的位置，将主体以引人注目、一目了然的结构形式直接呈现给观众，如图 3-64 所示。间接表现的主体在画面中占据的面积一般不大，但仍是画面的结构中心，有时容易被忽略，可以通过环境烘托或气氛渲染来反衬主体，如图 3-65 所示。

在实际拍摄过程中，突出主体的常见方法有以下 2 种。

（1）运用对比

运用各种对比手法能突出主体，常见的对比手法有以下 4 种。

第一，利用摄像机镜头对景深的控制，产生物体间的虚实对比，从而突出主体，如图 3-66 所示。

第二，利用动与静的对比，以周围静止的物体衬托运动的主体，或在运动的物体群中衬托静止的主体，如图 3-67 所示。

图 3-64　大面积构图突出主体　　图 3-65　中心位置构图突出主体　　图 3-66　虚实对比突出主体　　图 3-67　动静对比突出主体

第三，利用影调、色调的对比刻画主体形象，使主体与周围其他事物在明暗或色彩上形成对比，以突出主体，如图 3-68 所示。

第四，利用大小、形状、质感、繁简等对比手段，使主体形象鲜明突出。

（2）运用引导

运用各种画面造型元素能将观众的注意力引导到被拍摄主体上，常用的引导方法有以下 4 种。

图 3-68　利用影调、色调对比突出主体

第一,光影引导。利用光线、影调的变化将观众的视线引导到主体上。
第二,线条引导。利用交叉线、汇聚线、斜线等线条的变化将观众的视线引导到主体上。
第三,运动引导。利用摄像机的镜头运动或改变陪体的动势,将观众的视线引导到主体上。
第四,角度引导。利用仰拍强化主体的高度,突出主体的形象;利用俯拍所产生的视觉向下集中的趋势,形成某种向心力,将观众的视线引导到主体上。

3.7.2 陪体

陪体是指与画面主体密切相关并构成一定情节的对象。陪体在画面中与主体构成特定关系,可以辅助主体表现主题思想。图3-69所示的短视频画面中,饮料产品是主体,青提和杯子是陪体,寓意该果汁饮料是使用新鲜青提制作的。

图3-69 视频画面中的主体与陪体

1. 陪体在画面中的作用

(1)衬托主体形象,渲染气氛,帮助主体展现画面内涵,使观众正确理解主题思想。例如,教师讲课的情景,作为陪体的学生在专心听课,就能说明教师上课具有教学吸引力。

(2)陪体可以与主体形成对比,构图上起到均衡和美化画面的作用。

2. 陪体的表现方法

在实际拍摄中,表现陪体的常见方法有以下两种。

(1)陪体直接出现在画面内与主体互相呼应,这是最常见的表现方式。

(2)陪体放在画面之外,主体提供一定的引导和提示,靠观众的联想来感受主体与陪体的存在关系。这种构图方式可以扩大画面的信息容量,让观众参与画面创作,引起观众的观赏兴趣。

需要注意的是,由于陪体只起到衬托主体的作用,因此陪体不可以喧宾夺主,在拍摄构图处理上,陪体在画面中所占的面积大小及其色调强度、动作状态等都不能强于主体。

> **小贴士**:视频画面具有连续活动的特性,通过镜头运动和摄像机位的变化,主体与陪体之间是可以相互转换的。例如,从教师讲课的镜头摇到学生听课的镜头过程中,学生便由原来的陪体变成了新的主体。

3.7.3 环境

环境是指画面主体周围景物和空间的构成要素。环境在画面中的作用主要是展示主体的活动空间。环境可以表现出时代特征、季节特点和地方特色等;特定的环境还可以表明人物身份、职业特点、兴趣爱好等情况以及烘托人物的情绪变化。环境包括前景和背景。

1. 前景

前景是指在视频画面中位于主体前面的人、景、物,前景通常处于画面的边缘。图3-70所示的短视频画面中,葡萄叶子为前景。图3-71所示的短视频画面中,装饰干花为前景。

图3-70 葡萄叶子为前景   图3-71 装饰干花为前景

(1)前景在画面中的作用

① 前景可以与主体之间形成某种特定含义的呼应关系,以突出主体、推动情节发展、说明和深化所要表达主题的内涵。

② 前景离摄像机的距离近,成像大,色调深,与远处景物形成大小、色调的对比,可以强化画面的空间感和纵深感。

③ 利用一些富有季节特征或地域特色的景物做前景，可以起到表现时间概念、地点特征、环境特点和渲染气氛的作用。

④ 均衡构图和美化画面。选用富有装饰性的物体做前景，如门窗、厅阁、围栏、花草等，能够使画面具有形式美。

⑤ 增加动感。活动的前景或者运动镜头所产生的动感前景，能够很好地强化画面的节奏感和动感。

（2）前景的表现方法

在实际拍摄中，一定要处理好前景与主体的关系。前景的存在是为了更好地表现主体，不能喧宾夺主，更不能破坏、割裂整个画面。因此，前景可以在大小、亮度、色调、虚实各方面采取比较弱化的处理方式，使其与主体区分开来。需要的时候，前景可以通过场面调度和摄像机位变化变为背景。

> **小贴士**：需要注意的是，并不是每个画面都需要有前景，所选择的前景如果与主体没有某种必然的关联和呼应关系，就不必使用。

2. 背景

背景主要是指画面中主体后面的景物，有时也可以是人物，用以强调主体环境，突出主体形象，丰富主体内涵。一般来说，前景在视频画面中可有可无，但背景是必不可少的。背景是构成环境、表达画面内容和纵深空间的重要成分。常选择一些富有地方特色或具有时代特征的背景，如天安门、东方明珠塔等，来交代主体的地点。图 3-72 所示的短视频画面中，以大自然场景为背景，表现出牛奶产品的天然、健康品质。

图 3-72 短视频的画面背景

（1）背景在画面中的作用

①背景可以表明主体所处的环境、位置，渲染现场氛围，帮助主体揭示画面的内容和主题。

②背景通过与主体在明暗、色调、形状、线条及结构等方面的造型对比，可以使画面产生多层景物的造型效果和透视感，增强画面的空间纵深感。

③背景可以表达特定的环境，刻画人物性格，衬托、突出主体形象。

（2）背景的表现方法

在短视频拍摄过程中，要注意处理好背景与主体的关系。背景的影调、色调、形象应该与主体形成恰当的对比，不能过分突出，以免影响主体的内容，不能喧宾夺主。当背景影响到主体的表现时，拍摄者可以通过适当控制景深、变换虚实等方式来突出主体。

如果没有特殊的要求，画面背景应该坚持减法原则。利用各种艺术手段和技术手段对背景进行简化，力求画面的简洁。

3.7.4 留白

留白是指画面看不出实体形象，趋于单一色调的画面部分，如天空、大海、大地、草地或黑、白、单一色调等。留白其实也是背景的一部分。图 3-73 所示的短视频画面中，浅灰色的背景和水的部分构成了画面的留白。

图 3-73 短视频画面中的留白

1. 留白在画面中的作用

（1）主体周围的留白使画面更为简洁，可以有效地突出主体形象。

（2）画面中的留白是为了营造某种意境，让观众产生更多的联想空间。

（3）画面中的留白可以使画面生动活泼，没有任何留白的画面会使人感到压抑。

2. 留白的表现方法

一般情况下，人物视线方向的前方、运动主体的前方、人物动作方向、各个实体之间都应该适当留白。这样的构图符合人们的视觉习惯和心理感受，这点在短视频拍摄时要多加注意。留白在画面中所占的比例不同，会使画面产生不同的意义。例如，画面留白占据较大的面积时，重在写意；画面留白占据面积较小时，重在写实。另外，留白在画面中要分配得当，尽可能避免留白和实体面积相等或对称，做到各个实体和谐、统一。

> **小贴士**：需要注意的是，并不是所有视频画面都具备上述各个结构元素。实际拍摄时，需要根据画面内容合理地安排陪体、环境和留白，但无论如何运用这些结构元素，目的都是突出主体、表达主题。

3.8 单品型电商短视频的拍摄

我们知道单品短视频是以单个商品为拍摄主体，拍摄能展现其优势、功能等特征的视频。对电商卖家来说，单品短视频是买家了解产品的重要方式，那么单品短视频究竟要如何拍才能提升商品成交转化率呢？

3.8.1 服装类，上身效果 + 材质评测

购买服装，消费者普遍关心的主要有服装的上身效果、材质、设计和搭配等，所以拍摄服装类单品视频时可以从这几方面来入手。

在视频中展示模特试穿服装的整体上身效果，可以让消费者对服装的全貌有一个认识。拍摄时，可以保持摄影设备不动，让模特在镜头前转一圈或摆几个动作。也可以采用跟镜头的运镜方式，以模特边走边拍的方式来展示服装上身效果，如图 3-74 所示。

图 3-74　展示服装上身效果

对服装的设计亮点、材质等进行介绍，可以让消费者更加透彻地了解商品属性。在对设计亮点和材质进行描述时，要体现产品所带来的好处，比如材质是纯棉的，但在阐述时不能只说是纯棉面料的，还应加上"柔软亲肤透气、夏天穿不会觉得闷热，水洗不起球"等展现性能特点的内容，如图 3-75 所示。

图 3-75　介绍服装的性能特点

拍摄产品视频可以利用倒影板来构建有倒影的对称式构图画面。

在介绍搭配时，主要展示与店铺其他服装搭配起来的效果，这样可以帮助提高其他商品的销量。

服装类单品短视频的内容顺序一般是先让模特全身各角度展示上身效果，然后再拍细节。如果视频时长较短，比如只有 10s，那么视频只展示模特的上身效果即可。如果时长足够，可以在展示了服装全貌后，拉近镜头拍服装的细节，让消费者看清楚服装的材质、工艺以及设计等，如图 3-76 所示。

图 3-76　展示服装全貌和细节特点

3.8.2 鞋包类，外观展示 + 细节体现

鞋包产品的短视频主要会从外观、细节和上身效果的展示这 3 方面来安排内容。外观展示常常会放在视频的开头，要从产品的正面、侧面和背面来呈现外观，让消费者对产品有一个具体印象，如图 3-77 所示。

图 3-77　全面展示商品外观

在细节的呈现上，鞋子和箱包会有一定的差别，鞋子一般从鞋底（如防滑、松糕底、柔软度）、鞋面面料（如牛皮、网纱、透气）、鞋跟（如平底、坡跟、内增高）来展现细节。箱包主要从容量（如大容量）、材质（如牛皮、优质皮料）、拉链与肩带（如拼皮链条、柔软皮质肩带）、卡袋（如内里分区、有拉链隔层袋）来展示箱包的质量。

在视频表现方式上，一般以演示评测为主，这样会更有说服力。同时在介绍细节时配上字幕，以帮助用户理解，如图 3-78 所示。

上身效果会通过模特来展示，箱包会展示不同的背法或搭配效果，鞋子则通过模特穿着走动来对各角度外形进行展示。在拍鞋包类产品的模特上身效果视频时要注意一点，主体是鞋包本身，注意对焦主体，不能拍得太小，如图 3-79 所示。

图 3-78　搭配字幕说明商品特点　　　　　　图 3-79　真人演示商品穿戴效果

3.8.3 美妆护肤类，模特演示 + 效果对比

对于美妆护肤类产品，消费者会比较关心上妆或护肤效果，另外对女性消费者来说，护肤品的外观包装也会成为她们是否选择该产品的一个重要因素。所以拍摄美妆护肤类产品短视频，可从产品功效和外观两方面来展现。

拍摄时最好采用演示 + 讲解的表现方式，通过展现商品使用前后的效果对比来赢得消费者的信任。以防晒产品为例，在视频中模特先演示产品的使用方法，再配以字幕来讲述产品的卖点，如图 3-80 所示。

然后，对使用前后的效果进行评测说明美妆护肤类产品的效果；接着在使用产品后模特对产品进行展示，并再次强调卖点。

图 3-80　产品使用演示加说明

通过演示 + 评测的方式来说明护肤品的效果，能够给用

户以真实感。产品的外观展示一般放在视频的最前面，因此美妆护肤产品短视频的常规拍摄顺序就是：外观展示→使用演示→使用测评。

如果产品在设计上还有亮点，那么也可以在视频中进行简单介绍，如按压式取量、喷嘴式设计等。图 3-81 所示为某美妆护肤产品的短视频截图。

3.8.4 电子产品类，功能优势+使用演示

图 3-81 美妆护肤产品的短视频截图

电子产品的使用功能是消费者是否选择该产品的重要因素，因为电子产品都融入了高科技技术，所以在拍摄时要体现出高级感和科技感。在短视频内容的安排上，电子产品主要会从功能优势和使用演示两方面来阐述卖点。

以扫地机器人为例，其核心的功能是清洁和智能，那么在短视频中，就可以通过清扫过程的场景演示来阐述产品的卖点，如图 3-82 所示。

图 3-82 通过使用场景演示核心卖点

很多电子产品的材质表面都比较光滑，所以在拍摄视频时要注意反光对产品拍摄的影响。另外，有的电子产品在设计上有独到之处，因此在视频中也会强调设计感。图 3-83 所示为某音箱产品的短视频截图。

图 3-83 某音箱产品的短视频截图

3.9 内容型电商短视频的拍摄

内容型短视频是通过内容来实现产品的间接带货，所以内容型短视频要从内容本身出发吸引消费者，从而引导用户购买产品。

3.9.1 评测类，体验测试过程展示

评测类短视频可以是单个产品的评测，也可以是多个产品的评测。在视频内容上，评测类短视频要注重对产品的客观评价，给消费者有用的参考意见，帮助消费者选择更适合自己的产品。

在视频的开始部分要告诉消费者此次评测的产品是什么，然后再对产品的外观、功能等进行评价，如图 3-84 所示。

图 3-84　展示测评产品

在产品评测的过程中，一般先介绍产品的整体外观，然后再对产品的细节亮点和功能进行介绍，如图 3-85 所示。

图 3-85　从外观到细节进行全方位介绍

拍摄时，要保持产品始终在镜头中，介绍细节时可以拉近镜头，给产品一个局部特写，让观众看清楚产品的细节部分。介绍功能时可以进行产品演示，这样会给人以真实感，如图 3-86 所示。

图 3-86　测评产品功能操作演示

对同类产品进行多个评测时，要在视频中对比产品的区别，让消费者对产品的不同之处有一个直观的认识。

3.9.2　清单类，根据主题进行盘点

清单类短视频可以从有趣、有价值、当季流行等角度来盘点商品榜单或清单，比如适合北欧风的网红窗帘、适合黄皮肤的粉底液。清单好比一份购物攻略，因此清单的主题要明确，视频中的产品要符合清单主题，并且是一个品类的。既然是盘点，那么产品就要突出精选感，要让消费者看了以后觉得这个购物指导是有实用价值的。

在视频中，清单类短视频要说明盘点的理由，突出每个商品的卖点。比如关于电风扇盘点的视频，在视频中，要以序号表述的方式告诉用户分享了几款电风扇，并且依次介绍每款电风扇的亮点。

通过这样的方式可以让消费者清楚清单内容的商品组成，利用数字元素也能突出清单的精选感，如图3-87所示。

图3-87 电风扇产品测评短视频

清单类视频不能是几个产品的简单介绍，内容要全面深入，比如9月值得入手的手机推荐，要从性价比、外观设计、配置来比较说明。再比如提升生活品质的家居好物盘点，要先说明快节奏生活下人们希望提升生活品质这一背景，然后逐一介绍这几款产品为什么能够提高生活品质。

通过这样深入的说明可以大大提高商品推荐的可信度。另外，清单类视频的主题不要太宽泛，比如"女神必买清单"这样的主题就太宽泛了，"有创意的黑科技文具""新房入住必买的餐盘"这样的主题就比较好。图3-88所示的清单主题就很好，并且通过字幕的方式在视频封面展示清单内容范围，可以让消费者一眼明了。

图3-88 短视频封面表明主题

3.9.3 搭配类，展示穿衣整体搭配

搭配类的内容型短视频一般从风格、场景、时节、人群或材质等方面来进行服装穿搭推荐，比如简约复古风的穿搭、微胖女孩秋冬穿搭、职场一周穿搭等。确定好一个搭配主题后，视频就需要围绕这个方向推荐符合该主题的搭配。视频中最好有模特真人出镜，让客户能看到穿搭后的真实效果，如图3-89所示。

图3-89 短视频中真人穿搭展示

在一段视频中，一般展示3~6套服装即可。模特可以做相同或不同的动作，然后通过音乐节奏卡点来切换场景和服装。也可以场景不变，只变换服装，如图3-90所示。

图 3-90 在同一场景中更换多套服装展示

3.9.4 百科类，传达有价值的资讯信息

信息百科类短视频一定要追求真实可靠，如果视频内容不够专业可靠，一旦被粉丝发现，就会产生不好的影响，比如掉粉、差评等。当知识与短视频结合起来后，视频内容本身的长度和节奏都会发生一定的改变。

用短视频的形式来传递知识，内容应该精简化、通俗化、轻量化，这样才能让用户愿意花碎片化的时间来观看视频。所以对于百科类短视频，在视频内容的安排上要巧妙，把握好时间节奏。以生活妙招和软件技能分享的短视频为例，视频一开始就可以直接进入主题，展示小妙招和软件的使用方法，避免前奏过长，如图 3-91 所示。

图 3-91 生活妙招分享短视频

在策划百科类短视频的内容时，要选择知识最精华的部分，这样才能吸引用户持续关注并产生学习兴趣。一般来说，可选择技巧性强的、可实操的、与人们生活相关的知识来拍摄短视频，比如家居收纳技巧、新手化妆教程、历史冷知识等。

对于一些比较专业枯燥的理论知识，则需要将其转化为通俗易懂、有趣的内容，让观众更容易理解和接受。比如垃圾分类科普的短视频，以动画的形式来趣味科普，就会让人觉得易懂、有趣，如图 3-92 所示。

图 3-92 有趣易懂的科普短视频

3.10 本章小结

前期拍摄是短视频创作的基础，只有出色地完成短视频素材的拍摄，才能够通过后期编辑处理创作出出色的短视频作品。本章主要对电商图片与视频前期拍摄的相关内容进行了介绍，主要包括画面的结构元素、画面的色彩、画面的构图、拍摄运镜方式和拍摄场景布置等相关内容，完成本章内容的学习，读者需要仔细理解，并能够合理应用所学习的知识到图片与视频拍摄过程中。

第 4 章

使用"抖音"制作短视频

短视频行业的发展越来越迅速,各大互联网媒体对此十分重视,纷纷推出了自己的短视频平台,各大媒体一下从图文载体过渡到了短视频载体。对于短视频来说,前期的素材拍摄非常重要,那么,短视频要如何拍摄、如何重点突出呢?

本章将以最火的"抖音"短视频平台为例,讲解电商短视频的拍摄、剪辑与效果处理以及短视频封面的设置和短视频发布等相关内容,使读者能够理解并掌握电商短视频拍摄与效果剪辑的方法和技巧。

4.1 使用"抖音"App 的拍摄功能

使用短视频平台除了可以观看其他用户拍摄上传的短视频作品之外,还可以自己拍摄并上传短视频作品,接下来介绍如何使用"抖音"平台拍摄短视频。

4.1.1 拍摄短视频

"抖音"是一款可以拍摄短视频的音乐创意短视频移动社交应用,该应用于 2016 年 9 月上线,是一个专注于年轻人的 15 秒音乐短视频社区。用户可以通过该应用选择音乐,拍摄 15 秒的音乐短视频,形成自己的作品。"抖音"App 在 Android 各大应用商店和 App Store 均有上线。

打开"抖音"App,点击界面底部的"加号"图标,如图 4-1 所示。即可进入短视频拍摄界面,如图 4-2 所示。

在界面底部提供了不同的拍摄功能,包括"分段拍""快拍""模板"和"开直播"。

默认为"快拍"模式,在该模式中包含 4 个选项卡,选择"视频"选项卡,点击界面底部的红色圆形图标,如图 4-3 所示,可以拍摄时长 15 秒的短视频。在"快拍"模式界面中点击"照片"文字,切换到照片拍摄状态,点击界面底部的白色圆形图标,可以拍摄照片,如图 4-4 所示;点击"日常"文字,切换到时刻拍摄状态,可以拍摄 2 分钟以内的短视频,记录当前时刻的内容,如图 4-5 所示,短视频发布后,抖音密友会第一时间获得消息提醒;点击"文字"文字,可以切换到文字输入界面,可以输入文字,制作纯文字的短视频,如图 4-6 所示。

图 4-1　点击"加号"图标　　图 4-2　短视频拍摄界面　　图 4-3　拍摄短视频　　图 4-4　拍摄照片　　图 4-5　拍摄时刻内容

点击底部的"分段拍"文字，即可切换到"分段拍"模式中，在该模式中允许拍摄时长为 15 秒、60 秒和 3 分钟 3 种不同时长的短视频，选择所需要的拍摄时长，按住界面底部的红色圆形图标不放，即可开始短视频的拍摄，当所拍摄的时长达到所选择的时长后，自动停止短视频的拍摄，如图 4-7 所示。

点击底部的"模板"文字，可以切换到"模板"模式中，"抖音"为用户提供了多种类型的影集模板，如图 4-8 所示，通过所提供的影集模板可以快速创作出同款短视频。

点击底部的"开直播"文字，可以切换到视频直播模式中，就可以开启"抖音"App 的直播功能，如图 4-9 所示。

图 4-6　文字输入界面　　图 4-7　"分段拍"模式　　图 4-8　"模板"模式　　图 4-9　"直播"模式

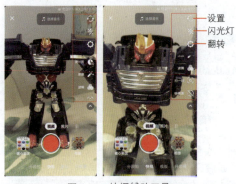

图 4-10　拍摄辅助工具

4.1.2　使用辅助工具拍摄

在"抖音"App 的短视频拍摄界面的右侧为用户提供了多个拍摄辅助工具，分别是"翻转""闪光灯""设置""倒计时""美颜""滤镜""扫一扫"和"快慢速"，如图 4-10 所示，通过这些工具可以有效地辅助我们进行短视频的拍摄。

1. 翻转

现在几乎所有智能手机都具有前后双摄像头功能，前置摄像头主要是为了方便进行视频通话和自拍使用，在使用"抖音"App 进行短视频拍摄时，只需要点击界面右侧的"翻转"图标，即可切换拍摄所使用的摄像头，从而方便用户自己进行自拍。

2. 闪光灯

在昏暗的环境中进行短视频的拍摄就需要灯光的辅助，在"抖音"App 的短视频拍摄界面中为用户提供了闪光灯辅助照明的功能。

在短视频拍摄界面中点击右侧的"闪光灯"图标，即可开启手机自带的闪光灯辅助照明功能，默认情况下，该功能为关闭状态。

3. 设置

点击右侧的"设置"图标，在界面底部显示拍摄设置选项，如图 4-11 所示。"最大拍摄时长"用于设置快拍模式短视频的最大时长；开启"使用音量键拍摄"功能，可以通过按手机音量键实现短视频的拍摄；开启"网格"功能，可以在拍摄界面显示网格参考线，如图 4-12 所示。

4. 倒计时

使用"倒计时"功能可以实现自动暂停拍摄，从而方便拍摄者设计多个拍摄片段，并且可以通过设置拍摄时间来卡点音乐节拍。

点击右侧的"倒计时"图标，在界面底部显示倒计时相关选项，如图4-13所示。

在倒计时选项右上角可以选择倒计时的时长，提供了两种时长供用户选择，分别是3秒和10秒，拖动时间线可以调整所需要拍摄的短视频的时长，如图4-14所示。

点击"开始拍摄"按钮，开始拍摄倒计时，完成倒计时之后自动开始拍摄，到设定的时长后自动停止拍摄，如图4-15所示。

图4-11 显示拍摄设置选项　　图4-12 显示网格参考线　　图4-13 显示倒计时选项　　图4-14 设置相关选项

5. 美颜

许多拍摄短视频的创作者对于短视频拍摄时的美颜功能的应用十分看重，下面介绍如何使用"抖音"App中的短视频拍摄美化功能。

点击右侧的"美颜"图标，在界面底部显示内置的美化功能选项，包含"磨皮""瘦脸""大眼""清晰""美白""小脸""窄脸""瘦颧骨""瘦鼻""嘴形""额头""口红""腮红""立体""白牙""黑眼圈"和"法令纹"多种美化选项，如图4-16所示。

点击一种美颜选项，即可为所拍摄对象应用该种美颜效果，并且可以通过拖动滑块来调整该种美颜效果的强弱，如图4-17所示。点击"重置"选项，可以将所应用的美颜效果重置为默认的设置。

图4-15 开始拍摄倒计时　　图4-16 显示美颜选项　　图4-17 应用美颜效果

> **小贴士**：短视频拍摄界面中所提供的美颜功能主要是针对人物脸部起作用，对于其他被拍摄物体几乎没有作用。

6. 滤镜

在短视频的拍摄过程中还可以为镜头添加滤镜效果，从而使拍摄出来的短视频具有明显的风格化效果。

点击右侧的"滤镜"图标，在界面底部显示内置的滤镜选项，包含"人像""日常""复古""美食""风景"和"黑白"6种类型的滤镜，如图4-18所示。在滤镜分类中点击任意一个滤镜选项，即可在拍摄界面中看到应用该滤镜的效果，并且可以通过拖动滑块控制滤镜效果的强弱，如图4-19所示。

点击"管理"选项，可以切换到滤镜管理界面，在这里可以设置每个分类中相关滤镜的显示与隐藏，可以将常用的滤镜显示，将不常用的滤镜隐藏，如图4-20所示。

点击滤镜分类选项左侧的"取消"图标，可以取消为镜头所应用的滤镜效果。

> **小贴士**：在短视频拍摄界面中，可以在界面中向右滑动操作，可以按顺序切换各种滤镜效果，从而对比各种滤镜的效果，并能够快速选择合适的滤镜。

7. 扫一扫

点击右侧的"扫一扫"图标，显示扫一扫界面，如图4-21所示。可以选择使用摄像头扫描二维码，也可以选择从相册选择图片扫描。

8. 快慢速

在拍摄短视频时，使用快慢镜头是经常用到的一种手法，以形成突然加速或突然减速的视频效果。在"抖音"App中也可以通过"快慢速"功能来控制拍摄视频的速度。

点击右侧的"快慢速"图标，在界面中显示快慢速选项，默认为"标准"速度，如图4-22所示。

图4-18　显示滤镜选项　　图4-19　应用滤镜效果　　图4-20　管理滤镜选项　　图4-21　扫一扫界面　　图4-22　显示快慢速选项

"抖音"App为用户提供了5种拍摄速度选择，例如我们可以选择一种速度进行拍摄，在拍摄过程中可以随时暂停，再切换为另一种速度进行拍摄，这样就可以获得在一段短视频中不同部分表现出不同速度的效果。

> **小贴士**：需要注意的是，在拍摄过程中如果随意切换快慢速度会导致短视频出现卡顿现象。在进行快慢速拍摄时，当镜头速度调整为"极快"拍摄时，视频录制的速度却是最慢的；当镜头速度调整为"极慢"拍摄时，视频录制的速度却是最快的。其实，这里所说的速度并非我们看到的进度快慢，而是镜头捕捉速度的快慢。

4.1.3 使用道具拍摄

使用"抖音"App 拍摄短视频时还可以使用道具，合理地使用道具能够拍摄出生动有趣、颇具创意的视频效果。

打开"抖音"App，点击界面底部的"加号"图标，进入拍摄界面，点击界面左下方的"道具"图标，如图 4-23 所示。在界面底部显示"抖音"App 中内置的热门道具，点击某个道具选项，即可预览应用该道具的效果，如图 4-24 所示。点击底部右侧的"放大镜"图标，可以在界面底部显示内置的多种不同类型的道具，如图 4-25 所示。

> **小贴士：** 许多内置道具都需要针对人物脸部才能够识别和使用，例如"头饰""扮演""美妆"和"变形"等分类中的道具，这种情况下，可以点击界面右上角的"翻转"图标，使用手机前置摄像头进行自拍，即可使用相应的道具。

点击选择某个自己喜欢的道具选项，点击"收藏"图标，可以将所选择的道具加入到"我的"选项卡中，如图 4-26 所示，便于下次使用时能够快速找到。如果不想使用任何道具，可以点击道具选项栏最左侧的"取消"图标，如图 4-27 所示，即可取消道具的使用。

图 4-23 点击"道具"图标　　图 4-24 预览应用道具效果　　图 4-25 显示不同类型的道具　　图 4-26 查看收藏的道具选项　　图 4-27 取消道具的应用

4.1.4 分段拍摄

使用"抖音"App 进行短视频的拍摄时，可以一镜到底持续地拍摄，也可以使用"抖音"App 中的"分段拍"模式，在拍摄过程中暂停，转换镜头再继续拍摄。例如，如果要拍摄实现瞬间换装的短视频，可以在拍摄过程中暂停拍摄，更换衣服后再继续拍摄。

打开"抖音"App，点击界面底部的"加号"图标，进入短视频拍摄界面，点击界面底部的"分段拍"文字，切换到分段拍摄界面，如图 4-28 所示。

点击界面底部的红色圆形图标，即可开始短视频的拍摄，如图 4-29 所示。

> **小贴士：** "分段拍"模式为用户提供了 3 种短视频时长选择，分别是 15s、60s 和 3min，点击相应的文字即可选择所要拍摄的短视频的时长。

在拍摄过程中点击界面底部的红色正方形图标，即可暂停短视频的拍摄，从而获得第 1 段视频素材，并且在界面下方的圆形显示红色的拍摄进度条，如图 4-30 所示。如果点击"删除"图标，可以将刚拍摄的第 1 段视频素材删除。

图4-28 切换到"分段拍"模式　　图4-29 开始短视频拍摄

使用相同的操作方法,可以继续拍摄第2段视频,如图4-31所示。如果要结束短视频的拍摄,可以点击"对号"图标,或者当拍摄时长达到所选择的短视频时长时,自动停止拍摄,并自动切换到短视频编辑界面,播放刚刚拍摄的短视频,如图4-32所示。

图4-30 完成第1段短视频拍摄　　图4-31 继续拍摄短视频　　图4-32 短视频编辑界面

如果需要直接发布短视频或保存草稿,可以点击界面底部的"下一步"按钮,切换到"发布"界面,如图4-33所示。在该界面中可以选择将所拍摄的短视频直接发布或者保存到草稿中。

在完成短视频的拍摄后,可以先将其保存为草稿,方便后期进行编辑处理。在"发布"界面中点击"存草稿"按钮,即可将短视频保存到草稿箱中。进入"抖音"App中的"我"界面,在"作品"选项卡中点击"草稿"选项,进入"草稿箱"界面,如图4-34所示。

在"草稿箱"界面中点击需要编辑的短视频,可以再次切换到"发布"界面,可以通过右侧的相关功能图标,对短视频进行编辑和效果处理,点击左上角的"返回"图标,在弹出菜单中可以选择相应的操作,如图4-35所示。

图4-33 "发布"界面　　图4-34 "草稿箱"界面　　图4-35 显示相应操作选项

4.1.5 分屏拍摄

利用"抖音"App 中的合拍功能可以在一个视频界面中同时显示他人拍摄的多个视频，该功能满足了很多用户想和自己喜欢的"网红"合拍的心愿。

打开"抖音"App，找到需要合拍的视频，点击界面右侧的"分享"图标，如图 4-36 所示。在界面下方显示相应的分享功能图标，点击"合拍"图标，如图 4-37 所示。程序处理完成后自动进入分屏合拍界面，默认为上下分屏，如图 4-38 所示。

点击界面右侧的"布局"图标，在界面底部显示布局选项，点击"左右布局"图标，切换到左右布局的分屏合拍方式，如图 4-39 所示。点击"浮动窗口布局"图标，切换到浮动窗口布局的分屏合拍方式，如图 4-40 所示。点击"上下布局"图标，将分屏合拍切换为上下布局方式。

图 4-36 点击"分享"图标

图 4-37 点击"合拍"图标

图 4-38 分屏合拍界面

完成分屏窗口的布局设置之后，在屏幕空白处点击即可，点击底部的红色圆形图标，即可开始分屏合拍，如图 4-41 所示。

图 4-39 左右分屏布局

图 4-40 浮动窗口分屏布局

图 4-41 开始合拍视频

> **小贴士**：在浮动窗口布局中的小浮动窗口中显示的是所选择需要合拍的短视频，在该界面中可以拖动调整浮动窗口的位置。

4.1.6 使用模板制作短视频

"抖音"App 为用户提供了模板功能,在模板选项卡中为用户提供了多种不同类型的短视频模板,用户可以选择自己喜欢的短视频模板,通过提示替换模板中的素材,从而快速制作出精美的短视频。

 使用模板制作短视频

最终效果:资源 \ 第 4 章 \4-1-6.mp4　　视频:视频 \ 第 4 章 \ 使用模板制作短视频 .mp4

步骤 01 打开"抖音"App,点击界面底部的"加号"图标,进入短视频创作界面,点击界面底部的"模板"文字,切换到模板界面中,如图 4-42 所示。切换到"经典"分类中,点击浏览不同的模板,找到自己所喜欢的模板,如图 4-43 所示。

图 4-42　模板界面　　　　　　图 4-43　浏览喜欢的模板

步骤 02 在模板底部会显示该短视频模板需要几个素材,点击"剪同款"按钮,在显示的素材选择界面中按顺序选择所需要的图片素材,如图 4-44 所示。点击"下一步"按钮,切换到视频效果编辑界面,如图 4-45 所示。点击"下一步"按钮,切换到短视频发布界面,如图 4-46 所示。

图 4-44　选择图片素材　　　图 4-45　视频效果编辑界面　　　图 4-46　发布界面

步骤 03 在发布界面中点击"选封面"按钮,进入短视频封面设置界面,在视频条上拖动红色方框，选择某一帧视频画面作为短视频封面，如图 4-47 所示。点击界面右上角的"下一步"按钮，进入封面模板选择界面，如图 4-48 所示，因为所选择的视频画面中已经包含标题文字，所以这里不再选择封面模板。

步骤 04 点击界面右上角的"保存封面"按钮，完成短视频封面设置，返回发布界面，还可以在该界面中设置短视频的话题、位置等信息，如图 4-49 所示。

图 4-47 选择封面画面

图 4-48 封面模板界面

图 4-49 发布界面

步骤 05 点击"发布"按钮，将使用模板所制作的短视频发布到"抖音"短视频平台中，自动播放所发布的短视频，如图 4-50 所示。

图 4-50 预览短视频效果

4.2 在"抖音"App 中导入素材

在"抖音"App 中不仅可以拍摄短视频，还可以导入手机中的视频素材到"抖音"App 中进行处理，再发布短视频。

4.2.1 导入手机相册素材

进入"抖音"App 的短视频拍摄界面，点击右下角的"相册"图标，如图 4-51 所示。进入相册素材选择界面，选择"视频"选项卡，选择需要导入的视频素材，如图 4-52 所示。点击"下一步"按钮，进入视频效果编辑界面，自动播放所导入的视频，如图 4-53 所示。

  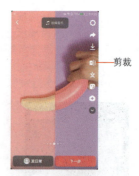

图 4-51　点击"相册"图标　　图 4-52　选择视频素材　　图 4-53　预览视频素材

点击视频效果界面右上角的"剪裁"图标,进入视频素材剪裁界面中,如图 4-54 所示。

拖动视频素材黄色边框的左侧或右侧,即可对该视频素材进行删除或恢复操作,如图 4-55 所示。在时间轴区域左右滑动,可以调整播放头的位置,如图 4-56 所示。

将播放头移至需要分割视频的位置,点击底部工具栏中的"分割"图标,可以在当前位置对视频素材进行分割操作,如图 4-57 所示。

图 4-54　视频剪裁界面　　图 4-55　拖动黄色边框裁剪　　图 4-56　调整播放头位置　　图 4-57　分割视频素材

点击底部工具栏中的"变速"图标,在界面底部显示变速设置选项,如图 4-58 所示,支持最低 0.1 倍速,最高 100 倍速。

点击底部工具栏中的"音量"图标,在界面底部显示音量设置选项,如图 4-59 所示,可以拖动滑块设置视频素材中音乐(如果有)的音量大小。

点击底部工具栏中的"旋转"图标,可以将视频素材按顺时针方向旋转 90 度,如图 4-60 所示。

点击底部工具栏中的"倒放"图标,自动对视频素材进行处理,实现视频素材的倒放效果,如图 4-61 所示。

对视频素材进行分割操作后,可以选择不需要的视频片段,点击底部工具栏中的"删除"图标,即可删除所选择的视频片段。

完成对视频素材的剪裁操作之后,点击界面右上角的"保存"文字,即可保存对视频素材的剪裁操作,并返回到视频效果编辑界面中。

图 4-58 "变速"选项   图 4-59 "音量"选项   图 4-60 旋转视频   图 4-61 倒放视频

4.2.2 使用"一键成片"功能制作短视频

通过使用"抖音"App中的"一键成片"功能,能够智能对用户所选择的素材进行分析并推荐适合的模板,用户几乎不需要特别的设置和操作即可快速完成短视频的制作,非常方便、快捷,而且都具有非常不错的视觉效果。

 使用"一键成片"功能制作短视频

最终效果:资源\第4章\4-2-2.mp4   视频:视频\第4章\使用"一键成片"功能制作短视频.mp4

步骤01 打开"抖音"App,点击界面底部的"加号"图标,进入短视频创作界面,点击界面底部的"模板"文字,切换到模板界面中,如图4-62所示。点击"一键成片"选项,在弹出的素材选择界面中,选择多张手机中的图片素材,如图4-63所示。

步骤02 完成图片素材的选择之后,点击界面右下角的"一键成片"按钮,抖音App会自动对所选择的图片素材进行分析和处理,并显示进度,如图4-64所示。分析处理完成后,显示处理后的效果,并在界面底部为用户推荐了多款适合的模板,如图4-65所示。

图 4-62 模板界面   图 4-63 选择多张图片素材   图 4-64 显示处理进度   图 4-65 推荐多款适合的模板

步骤03　在界面底部点击预览推荐模板的效果，选择一种合适的模板，如图4-66所示。点击界面右上角的"保存"文字，可以保存短视频效果并返回到视频效果编辑界面，如图4-67所示。

步骤04　可以使用界面右侧所提供的功能图标，为短视频添加文字、贴纸、特效、滤镜和画质增强效果。例如这里点击"画质增强"图标，使短视频的画面色彩更鲜艳一些，如图

图4-66　选择合适的模板　　图4-67　返回视频效果编辑界面　　图4-68　开启画质增强效果

4-68所示。

步骤05　点击"下一步"按钮，进入发布界面，如图4-69所示。点击"发布"按钮，即可完成该短视频的发布，可以看到使用一键成片快速制作的电子相册效果，如图4-70所示。

图4-69　发布界面　　　　　　　　　图4-70　预览短视频效果

4.3　丰富短视频效果

完成短视频的拍摄之后，可以直接在"抖音"App中对短视频的效果进行设置，可以通过为短视频添加背景音乐、文字、贴纸、特效、滤镜等效果，从而美化短视频的视觉表现效果。

4.3.1　选择背景音乐

"抖音"作为一款音乐短视频App，背景音乐自然是不可缺少的重要元素之一，背景音乐甚至能够影响到短视频拍摄的思维与节奏。

进入"抖音"App的短视频拍摄界面，点击界面右下角的"相册"图标，进入相册素材选择界面，选择"视频"选项卡，选择需要导入的视频素材，如图4-71所示。点击"下一步"按钮，进入视频效果编辑界面，点击界面上方的"选择音乐"按钮，如图4-72所示。在界面底部显示一些自动推荐的背景音乐，如图4-73所示。

点击"搜索"图标，显示搜索文本框和相关选项，如图4-74所示。可以直接在搜索文本框中输入音乐名称进行搜索，也可以点击"发现更多音乐"选项，显示更多推荐的音乐，

如图4-75所示。在音乐列表中点击音乐名称，可以试听并选择该音乐，点击音乐名称右侧的"星号"图标，可以将音乐加入收藏，如图4-76所示。

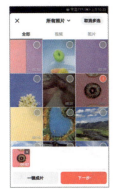   

图4-71　选择视频素材　　图4-72　点击"选择音乐"　　图4-73　显示推荐音乐　　图4-74　显示音乐搜索选项

点击弹出界面中的"收藏"文字，切换到"收藏"选项卡中，在该选项卡中显示用户加入收藏的音乐，便于快速使用，如图4-77所示。点击所选择音乐名称右侧的"剪刀"图标，显示音乐剪辑选项，可以通过左右拖动音乐声谱从而剪取与短视频长度相等的一段音乐，剪取完成后点击"完成"文字，如图4-78所示。

图4-75　显示"发现　　图4-76　选择音乐　　图4-77　显示收藏的音乐　　图4-78　音乐剪取界面
　　　　音乐"界面

点击弹出界面底部的"音量"文字，可以显示音量设置选项，如图4-79所示。"原声"选项用于控制视频素材原声的音量大小，"配乐"选项用于控制所选择背景音乐的音量大小，可以通过拖动滑块的方式来调整"原声"和"配乐"的音量大小。

> **小贴士**：在截取音乐时，需要注意声谱的起伏波形并不是根据声音的高低而形成的可视化图形。如果所拍摄的短视频中的声音需要去除，可以在音量设置选项中将"原声"选项滑块向左滑动，将其设置为0，短视频中的声音就可以完成静音。

点击弹出界面底部的"变声"选项，可以显示"选择音色"选项，如图4-80所示。点击选择一种音色选项，即可将视频素材中的原声修改为所选择的音色效果，从而使短视频更具有独特个性。

点击弹出界面底部的"字幕"选项，自动对所选择歌曲进行分析并自动进入歌词字幕编辑状态，如图 4-81 所示，可以对自动识别得到的字幕内容进行修改和字体样式设置。点击"保存"按钮，即可将自动识别的字幕添加到短视频中，如图 4-82 所示。

图 4-79　音量设置选项　　图 4-80　显示"选择音色"选项　　图 4-81　字幕编辑界面　　图 4-82　添加自动识别字幕

4.3.2　添加文字

进入"抖音"App 的短视频拍摄界面，点击短视频拍摄界面右下角的"相册"图标，导入一段视频素材，如图 4-83 所示。点击"下一步"按钮，进入短视频效果编辑界面，点击界面右侧的"文字"图标，或者在视频任意位置点击，如图 4-84 所示。

在界面底部显示文字输入键盘，直接输入需要的文字内容，并且可以在键盘上方选择一种字体，如图 4-85 所示。拖动界面左侧的滑块可以调整文字的大小，如图 4-86 所示。

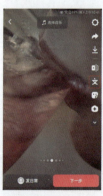

图 4-83　选择视频素材　　图 4-84　点击"文字"图标　　图 4-85　选择字体　　图 4-86　调整字体大小

点击界面顶部的"对齐方式"图标，可以在 3 种文字对齐方式之间进行切换，分别是左对齐、居中对齐和右对齐，图 4-87 所示为文字居中对齐效果。

点击界面顶部的"颜色"图标，可以选择一种文字颜色，如图 4-88 所示。

点击界面顶部的"样式"图标，可以在 5 种文字样式之间进行切换，分别是深色描边、圆角纯色背景、直角纯色背景、半透明圆角背景和透明背景。图 4-89 所示为透明背景文字样式效果。

点击"文本朗读"图标,可以对所添加的文字内容进行自动识别,在视频播放过程中加入文字内容的朗读声音,并且可以选择文本朗读的音色,如图4-90所示。

图4-87　文字居中对齐　　图4-88　选择文字颜色　　图4-89　透明背景文字样式　　图4-90　文本朗读选项

点击右上角的"完成"文字,完成文字内容的输入和设置,默认文字位于视频中间位置,按住文字并拖动可以调整文字的位置。

如果需要对文字内容进行编辑,可以点击所添加的文字,在弹出菜单中可以进行相应的操作,如图4-91所示。

"文本朗读"选项与输入文字界面中的"文本朗读"图标功能相同。

点击"设置时长"选项,在界面底部显示文字时长设置选项,默认所添加的文字时长与视频素材的时长相同,可以通过拖动左右两侧的红色竖线图标,调整文字内容在视频中的出现时间和结束时间,如图4-92所示。点击界面右下角的"对号"图标,完成文字时长的调整。

点击"编辑"选项,可以显示输入键盘,可以对文字内容进行修改,并且可以修改字体、字体样式、对齐方式和文字颜色。

如果需要删除所添加的文字内容,可以按住文字不放,在界面底部会出现"删除"图标,如图4-93所示,将文字拖入到删除图标上,即可删除文字。

 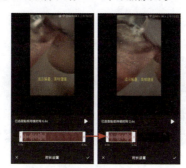 

图4-91　文字编辑选项　　　　图4-92　调整文字时长　　　　图4-93　删除文字操作

小贴士: 对添加的文字内容还可以进行缩放和旋转操作,通过双指捏合操作,可以缩小文字;通过双指展开操作,可以放大文字;通过双指在屏幕上旋转可以对文字进行旋转操作。

4.3.3 添加贴纸

在编辑"抖音"短视频时,可以为其添加有趣的贴纸,并设置贴纸的显示时长。

在视频效果编辑界面中点击右侧的"贴纸"图标,如图4-94所示。在弹出窗口中显示内置的贴纸,包含多种不同类型的贴纸,如图4-95所示。在弹出的贴纸窗口中点击任意一个需要使用的贴纸,即可在当前视频中添加该贴纸,如图4-96所示。

图4-94 点击"贴纸"图标　　图4-95 不同类型的贴纸　　图4-96 添加贴纸

完成贴纸的添加之后,按住拖动可以调整贴纸的位置;使用两指分开操作,可以放大所添加的贴纸;使用两指捏合操作,可以缩小所添加的贴纸;点击所添加的贴纸,可以弹出贴纸设置选项;按住贴纸不放,在界面底部会出现"删除"图标,将贴纸拖入到删除图标上,即可删除贴纸。这些操作方法,与文字的操作方法基本相同,这里不再赘述。

4.3.4 发起挑战

如果需要在"抖音"中发起挑战短视频,可以在视频效果编辑界面中点击右侧的"挑战"图标,如图4-97所示。在界面中显示挑战标题输入文本框,也可以点击自动生成的随机主题,如图4-98所示。在挑战标题文本框中输入标题文字内容,如图4-99所示。点击界面右上角的"完成"文字,即可完成挑战主题的发起,如图4-100所示。

图4-97 点击"挑战"图标　　图4-98 显示预设主题　　图4-99 填写挑战主题　　图4-100 完成挑战设置

4.3.5 使用画笔

在"抖音"中对短视频的效果进行编辑和设置时，还可以使用画笔工具，在短视频中进行涂鸦绘制，充分发挥自己的创意，创造出独具个性的短视频效果。

在视频效果编辑界面中点击右侧的"画笔"图标，如图 4-101 所示。进入短视频绘制界面，顶部显示绘画工具，底部可以选择绘制的颜色，拖动左侧的滑块可以调整笔刷的大小，如图 4-102 所示。选择默认的实心画笔，选择一种颜色，用手指在屏幕上进行涂抹绘画，可以绘制出纯色线条图形，如图 4-103 所示。

图 4-101　点击"画笔"图标　　图 4-102　绘画界面　　图 4-103　绘制纯色线条

选择箭头画笔，用手指在屏幕上涂抹，可以绘制出带箭头的线条，如图 4-104 所示。选择半透明画笔，用手指在屏幕上涂抹，可以绘制出半透明的线条，如图 4-105 所示。选择橡皮擦工具，在所绘制的线条图形上进行涂抹，可以将涂抹部分擦除，如图 4-106 所示。点击界面左上角的"撤销"文字，可以撤销之前的绘制，点击界面右上角的"保存"文字，可以保存绘制的效果并返回视频效果编辑界面，如图 4-107 所示。如果需要再次编辑短视频绘画效果，可以再次点击视频效果编辑界面中右侧的"画笔"图标。

图 4-104　绘制箭头线条　　图 4-105　绘制半透明线条　　图 4-106　擦除不需要线条　　图 4-107　保存绘制图形

4.3.6 添加特效

在"抖音"App 中为用户提供了多种内置特效，使用特效能够快速实现许多炫酷的视觉效果，使短视频的表现更加富有创意。

在视频效果编辑界面中点击右侧的"特效"图标，如图 4-108 所示。在界面底部以圆形

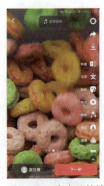

图 4-108　点击"特效"图标　　图 4-109　显示内置特效　　图 4-110　应用特效效果

缩览图的方式显示多款内置的特效，如图 4-109 所示。

在特效列表中进行左右滑动切换，点击特效缩览图即可为当前素材应用该特效，如图 4-110 所示。

> **小贴士**：除了可以通过点击界面右侧的"特效"图标，显示内置的特效选项外，还可以在视频效果编辑界面中点击界面底部的小圆点，同样可以在界面底部显示内置的特效选项。

在视频效果编辑界面的空白位置点击，即可应用所选择的特效并隐藏特效选项。如果需要对所应用的特效进行修改，则需要再次点击界面右侧的"特效"图标，在界面底部显示内置的特效选项。

4.3.7　添加滤镜

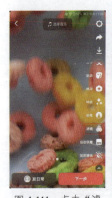

图 4-111　点击"滤镜"图标　　图 4-112　显示滤镜选项　　图 4-113　点击应用滤镜

在视频效果编辑界面中点击右侧的"滤镜"图标，如图 4-111 所示。在界面底部显示内置滤镜选项，包含"精选""人像""日常""复古""美食""风景"和"黑白"7 种类型的滤镜，如图 4-112 所示。与短视频拍摄界面中的滤镜选项相同，点击滤镜预览选项，即可为短视频应用该滤镜，并且可以通过拖动滑块控制滤镜效果的强弱，如图 4-113 所示。

4.3.8　自动字幕

在视频效果编辑界面中点击右侧的"自动字幕"图标，如图 4-114 所示。自动对短视频中的歌曲字幕进行在线识别，识别完成后将自动显示得到的字幕内容，如图 4-115 所示。

点击"编辑"图标，进入字幕编辑界面，可以对自动识别得到的字幕进行修改，如图 4-116 所示。修改完成后点击界面右上角的"对号"图标，返回到自动识别字幕界面中。

点击"字体"图标，进入字体设置界面，可以设置字体、样式和颜色，这里的设置与输入文字的设置相同,如图 4-117 所示。修改完成后点击界面右下角的"对号"图标,返回到自动识别字幕界面中。

图 4-114　点击"自动字幕"　　图 4-115　得到识别字幕　　图 4-116　修改字幕　　图 4-117　设置文字效果

> 小贴士:"自动字幕"功能可以识别视频素材中的原音语言内容,但应尽量用中文普通话,这样会具有比较高的识别率。

4.3.9　画质增强

在视频效果编辑界面中点击右侧的"画质增强"图标,可以自动对短视频的整体色彩和清晰度进行适当的调整,从而使短视频的画质具有很好的表现效果,如图 4-118 所示。"画质增强"功能没有设置选项,属于自动调节功能。

4.4　短视频封面设计与发布

完成短视频的拍摄和视频效果编辑之后,可以进入"发布"界面,在该界面中可以为短视频设置封面图片和相关信息,并最终发布短视频,这样别人就能够看到你所发布的短视频作品了。

图 4-118　应用"画质增强"效果前后对比

4.4.1　设置短视频封面

默认情况下,将使用所制作短视频的第 1 帧画面作为短视频的封面图,用户可以根据需要更改视频封面图。例如,将短视频中关键的一帧画面或有趣的画面作为封面图。

在短视频效果设置界面中点击右下角的"下一步"按钮,进入"发布"界面,如图 4-119 所示。点击"选封面"文字,进入封面选择界面,在视频条上拖动白色方框,可以选择要作为封面图的视频帧画面,如图 4-120 所示。点击"下一步"按钮,切换到封面设置界面,提供了"模板"和"文字"两种形式,如图 4-121 所示。

在"模板"选项中点击任意一个封面模板缩览图,即可应用该封面模板的效果,如图 4-122 所示。在视频预览区域点击封面模板中的文字,可以调整文字位置,并且对文字进行编辑修改,如图 4-123 所示。并且还可以对文字的字体和颜色等样式进行重新设置,如图 4-124

所示。

　　点击"对号"图标，完成文字的修改和设置，切换到"文字"选项卡中，点击"添加文字"按钮，可以在封面模板中添加新的文字内容，如图 4-125 所示。

图 4-119　点击"选封面"　　图 4-120　选择封面图片　　图 4-121　封面模板和文字模板

图 4-122　应用封面模板　　图 4-123　修改封面文字　　图 4-124　修改文字样式　　图 4-125　可以添加新文字

4.4.2　发布短视频

　　完成短视频封面的制作之后，点击界面右上角的"保存"按钮，返回发布界面，可以看到所设置的短视频封面的效果，如图 4-126 所示。

　　可以在"发布"界面中为短视频设置话题，这样可以让更多的人看到，也可以点击"抖音" App 根据所制作的短视频内容自动推荐的话题，如图 4-127 所示。

　　点击"你在哪里"选项，可以在弹出的定位地址列表中选择相应的定位地点，如图 4-128 所示。通过设置定位信息，可以使定位附近的人更容易看到你所发布的短视频。

　　点击"添加小程序"选项，可以在弹出的小程序列表中选择需要在短视频中添加的小程序，如图 4-129 所示。

　　点击"公开可见"选项，可以在弹出的信息中选择短视频发布为公开还是私密等形式，默认为公开形式，如图 4-130 所示。

　　点击"作品同步"选项，可以在弹出的选项卡中设置是否将短视频同步到"西瓜视频"和"今日头条"，以及是否为原创短视频，如图 4-131 所示。

　　点击"发布"按钮，即可将制作好的短视频发布到"抖音"短视频平台中，并自动播放所发布的短视频。点击"存草稿"按钮，可以将制作好的短视频保存到"草稿箱"中。

第 4 章 | 使用"抖音"制作短视频

图 4-126　完成封面设置　　　图 4-127　设置短视频话题　　　图 4-128　设置定位信息

图 4-129　添加小程序　　　图 4-130　设置是否公开　　　图 4-131　设置是否同步

4.4.3　制作商品宣传音乐短视频

音乐卡点视频是短视频平台中常见和热门的一种短视频形式，短视频画面的转换与音乐中的关键节奏点相契合，使短视频表现出"音画合一"的视觉感受。

　制作商品音乐短视频

最终效果：资源 \ 第 4 章 \4-4-3.mp4　　　视频：视频 \ 第 4 章 \ 制作商品宣传音乐短视频 .mp4

步骤 01　打开"抖音"App，点击界面底部的"加号"图标，进入短视频创作界面，点击界面右下角的"相册"图标，如图 4-132 所示。在弹出的素材选择界面中选择需要导入的多个素材，这里选择的是 1 段视频和 9 张图片素材，如图 4-133 所示。

步骤 02　点击"下一步"按钮，进入视频效果设置界面，抖音 App 会自动为所选择的素材添加音乐并自动进行音乐卡点，如图 4-134 所示。

步骤 03　点击界面顶部的音乐名称，在弹出的推荐音乐列表中可以点击选择其他推荐的音乐，如图 4-135 所示。选择不同的音乐，都会自动根据音乐对素材进行卡点处理。

步骤 04　点击界面右侧的"剪裁"图标，可以进入短视频剪裁界面，在该界面可以看到音乐的卡点位置，并可以手动对每段素材的时长进行调整，如图 4-136 所示。点击第一段与第二段素材之间的白色方块，在界面底部显示转场选项，点击"基础转场"选项卡中的"闪光灯"选项，如图 4-137 所示。

步骤05　点击"对号"图标,在第一段与第二段素材之间应用"闪光灯"转场,如图4-138所示。点击第二段与第三段素材之间的白色方块,在显示的转场选项中点击"运镜转场"选项卡中的"推近"选项,如图4-139所示,点击"对号"图标,应用该转场。

图4-132　点击"相册"图标　　　图4-133　选择多个素材　　　图4-134　视频效果设置界面　　　图4-135　选择合适的音乐

图4-136　剪裁界面　　　图4-137　应用"闪光灯"转场　　　图4-138　应用转场后的图标　　　图4-139　应用"推近"转场

步骤06　使用相同的操作方法,分别为每个素材之间应用相应的转场效果,如图4-140所示。

步骤07　点击剪裁界面右上角的"保存"文字,完成素材之间转场效果的设置,返回视频剪辑界面。点击界面右侧的"文字"图标,输入标题文字,如图4-141所示。选择合适的字体并调整文字大小和对齐方式,如图4-142所示。点击右上角的"完成"文字,完成文字的输入,将文字拖动调整至视频左上角位置,如图4-143所示。

步骤08　在文字上点击,在弹出菜单中点击"设置时长"选项,如图4-144所示。进入文字时长设置界面,拖动白色边框左右两侧,设置文字持续时间,如图4-145所示。点击界面右下角的"对号"图标,返回视频效果设置界面。

步骤09　点击界面右侧的"滤镜"图标,进入滤镜设置界面,切换到"美食"选项卡中,点击"料理"滤镜,为短视频应用该滤镜,如图4-146所示。

步骤10　点击界面右侧的"画质增强"图标,增强短视频的画质显示效果,如图4-147所示。完成短视频效果设置之后,点击界面右下角的"下一步"按钮,切换到"发布"界面,如图4-148所示。点击"选封面"按钮,进入短视频封面设置界面,在视频条上拖动红色方框,选择某一帧视频画面作为短视频封面,如图4-149所示。

图 4-140　在每个素材之间应用转场　　图 4-141　输入文字　　图 4-142　设置文字效果　　图 4-143　调整文字位置

图 4-144　点击"设置时长"选项　　图 4-145　调整文字持续时间　　图 4-146　应用"料理"滤镜　　图 4-147　应用"画质增强"效果

步骤 11　点击界面右上角的"下一步"按钮，进入封面模板选择界面，点击选择一种封面模板，如图 4-150 所示。点击封面中默认的文字，可以对文字内容进行修改，如图 4-151 所示。完成封面文字的修改后，还可以对封面文字的样式进行设置，如图 4-152 所示。

图 4-148　"发布"界面　　图 4-149　选择封面画面　　图 4-150　选择封面模板　　图 4-151　修改封面文字

步骤 12　在预览窗口中选择其他文字，继续对文字的样式进行设置，如图 4-153 所示。点击"对号"图标，完成封面文字的修改和样式设置，效果如图 4-154 所示。点击界面右上角的"保存封面"按钮，完成短视频封面设置，返回发布界面，还可以在该界面中设置短视频的话题、位置等信息，如图 4-155 所示。

图 4-152　设置封面文字样式　　图 4-153　设置文字样式　　图 4-154　完成封面设置　　图 4-155　设置发布界面中其他选项

步骤 13　点击"发布"按钮，将制作好的短视频发布到"抖音"短视频平台中，自动播放所发布的短视频，如图 4-156 所示。

图 4-156　成功发布短视频

4.5　本章小结

本章中详细向读者介绍了使用"抖音"App 拍摄、编辑和发布电商短视频的完整流程和操作方法，完成本章内容的学习，读者需要能够掌握使用"抖音"拍摄与处理电商短视频的方法，与"抖音"类似的短视频平台的短视频拍摄与后期处理功能基本类似，读者可以举一反三，掌握其他短视频平台的使用方法。

第 5 章
使用"剪映"制作短视频

对拍摄的电商视频片段进行剪辑处理是短视频后期创作过程中非常重要的环节，在短视频剪辑处理过程中可以进行视频片段的剪接，为短视频添加音乐和字幕，为短视频添加特效等，从而使短视频表现出完整的艺术性和观赏性。

短视频剪辑软件众多，本章将向读者介绍手机中常用的短视频剪辑软件"剪映"App，它是"抖音"官方的全免费短视频剪辑处理应用，为用户提供了强大且方便的短视频后期剪辑处理功能，并且能够直接将剪辑处理后的短视频分享到"抖音"和"西瓜"短视频平台。

5.1 认识"剪映"App

"剪映"是"抖音"短视频推出的官方视频剪辑 App，可用于手机短视频的剪辑制作和发布。带有全面的短视频剪辑功能，支持变速，多样滤镜效果，以及丰富的曲库资源。"剪映"App 目前发布的系统平台有 iOS 版和 Android 版。图 5-1 所示为"剪映"App 图标。

图 5-1　"剪映"App 图标

5.1.1　"剪映"App 工作界面

从手机应用市场中搜索并下载安装"剪映"App，打开"剪映"App，进入"剪映"默认的起始工作界面，起始界面由 3 个部分构成，分别是"创作区域""草稿区域"和"功能操作区域"，如图 5-2 所示。

图 5-2　"剪映"App 初始工作界面

> 小贴士："剪映"除了可以在移动端使用之外，在 2021 年 2 月，还推出了可以在 PC 端使用的"剪映"专业版，目前，"剪映"支持在手机移动端、Pad 端、Mac 电脑、Windows 电脑全终端使用。

1. 创作区域

在创作区域中点击"展开"按钮，可以在该区域中显示默认被隐藏的相关创作功能按钮，如图 5-3 所示。

开始创作：点击"开始创作"按钮，切换到素材选择界面，可以选择手机中需要编辑的视频或照片素材，如图 5-4 所示，或者选择"剪映"自带的"素材库"中的素材，如图 5-5 所示，完成素材的选择，即可进入视频编辑界面，进行短视频的创作。

电子商务短视频策划、拍摄、制作与运营

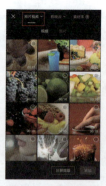

图 5-3　显示隐藏的创作功能按钮　　图 5-4　素材选择界面　　图 5-5　素材库界面

一键成片：点击"一键成片"按钮，同样切换到素材选择界面中，可以选择手机中相应的视频或照片素材，如图 5-6 所示。点击"下一步"按钮，"剪映"会自动对所选择的素材进行分析，从而向用户推荐相应的模板，如图 5-7 所示，用户只需要选择一个模板，即可快速导出短视频。

图文成片：该功能是"剪映"新推出的功能，只需要输入文章标题和正文内容，或者点击"粘贴链接"文字，将"今日头条"中的文章链接地址进行粘贴，如图 5-8 所示。"剪映"会自动对文字内容进行分析，为文字内容匹配相应的图片、字幕、配音和背景音乐，从而快速生成短视频。

图 5-6　选择素材　　图 5-7　选择模板　　图 5-8　"图文成片"界面

拍摄：点击"拍摄"按钮，可以进入"剪映"App 的拍摄界面，可以拍摄视频或者照片，并且在拍摄中有多种风格、滤镜、美颜效果可供用户选择，如图 5-9 所示。在该界面中点击"模板"选项，进入模板选择界面，提供了多种不同类型的模板，如图 5-10 所示。选择喜欢的模板，点击"拍同款"按钮，进入模板拍摄界面，在该界面中会提示用户该模板需要多少段素材，并且每段素材的时长是多少，如图 5-11 所示。根据提示进行拍摄，可以快速制作出与模板同款短视频。

图 5-9　拍摄界面　　图 5-10　模板选择界面　　图 5-11　模板拍摄界面

创作脚本：该功能是"剪映"新推出的功能，点击该按钮，即可进入"创作脚本"界面，如图 5-12 所示，在该界面中为用户提供了多种不同类型的短视频内容脚本的拍摄方法，

方便新手快速掌握不同类型短视频的拍摄方法。

录屏：该功能是"剪映"新推出的功能，点击该按钮，即可进入"录屏"界面，如图 5-13 所示，可以设置录屏参数，并对手机屏幕进行录屏操作。

提词器：该功能是"剪映"新推出的功能，点击该按钮，即可进入"编辑内容"界面，如图 5-14 所示，可以输入在接下的拍摄过程中所需要的台词内容，完成台词内容的输入之后，点击"去拍摄"按钮，进入"拍摄"界面，此时在拍摄过程中屏幕上会始终显示所添加的台词，方便在短视频拍摄过程中的讲解，如图 5-15 所示。

图 5-12　创作脚本界面　　图 5-13　录屏界面　　图 5-14　新建台词界面　　图 5-15　拍摄界面显示台词

美颜：点击"美颜"图标，切换到素材选择界面中，可以选择手机中人物的视频或照片素材，如图 5-16 所示。点击"添加"按钮，"剪映"会自动对所添加人物素材的脸部进行识别，并显示相应的美颜设置选项，如图 5-17 所示，可以通过这些内置的美颜设置选项，对所添加人物素材进行美颜处理。

超清画质：点击"超清画质"图标，切换到素材选择界面中，可以选择手机中的视频或照片素材，如图 5-18 所示。点击选择需要处理的素材，"剪映"会自动对所选择的素材进行画质的处理，并显示处理后的超清画质效果，如图 5-19 所示，完成素材的处理后，可以将素材导入剪辑或导出为新的素材。

图 5-16　选择人物素材　　图 5-17　显示美颜设置选项　　图 5-18　选择素材　　图 5-19　素材超清画质处理

活动："创作区域"左上角的"活动"区域滚动显示"剪映"App 官方推出的最新活动标题，点击活动标题名称即可跳转到该活动界面显示相关活动详情介绍，如果点击"活动"区域右侧的"箭头"图标，则跳转到"进行中的活动"界面，显示官方活动列表，如图 5-20 所示，点击相应的活动名称即可查看活动详情。

教程：点击"创作区域"右上角的"教程"图标，切换到"剪映教程"界面，在该界面中为用户提供了"剪映"App中各种功能的视频教程和常见问题解答，帮助用户更快掌握"剪映"App的使用，如图5-21所示。

设置：点击"创作区域"右上角的"设置"图标，切换到"设置"界面，在该界面中为用户提供了软件权限等相关的设置选项，以及其他一些软件说明，如图5-22所示。

图5-20　"进行中的活动"界面　　图5-21　"剪映教程"界面　　图5-22　"设置"界面

2. 草稿区域

"剪映"初始工作界面的中间部分为"草稿区域"，该部分包含"剪辑""模板""图文"和"脚本"4个选项卡，另外还提供了"剪映云"功能，如图5-23所示。在"剪映"App中所有未完成的视频剪辑都会显示在"剪辑"选项区中。需要注意的是，已经剪辑完成的视频在保存到本地的时候，同时也保存到了"草稿区域"中的"剪辑"选项区中。

点击"草稿区域"右上角的"剪映云"图标，可以进入用户的剪映云空间界面，显示云空间中所存储的素材，并且可以对剪映云空间中的素材进行管理操作，如图5-24所示。

点击"草稿区域"右上角的"管理"图标，可以选择一个或多个需要删除的视频剪辑草稿，点击底部的"删除"图标，即可将选中的视频剪辑草稿删除，如图5-25所示。

点击某一条视频剪辑草稿右侧的"更多"图标，在界面底部的弹出菜单中为用户提供了"上传""重命名""复制草稿""剪映快传"和"删除"选项，如图5-26所示，点击相应的选项，即可对当前所选择的视频剪辑草稿进行相应的操作。

图5-23　草稿区域　　图5-24　剪映云界面　　图5-25　删除剪辑草稿　　图5-26　剪辑草稿编辑选项

> 小贴士：如果发布后的视频发现有问题，还需要进行修改，这时就可以找到视频剪辑草稿，对其进行修改，所以尽量保留视频剪辑草稿或者将其上传到"剪映云"之后，再进行删除操作。

3. 功能操作区域

"剪映"起始工作界面的最底部为"功能操作区域",该部分包含了"剪映"App的主要功能分类。

剪辑:该界面是"剪映"App的起始工作界面。

剪同款:该界面中 为用户提供了多种不同风格的短视频模板,如图5-27所示,方便新用户快速上手,制作出精美的同款短视频。

创作课堂:该界面中为用户提供了有关短视频创作的相关在线教程,如图5-28所示,供用户进行学习。

消息:该界面中显示用户所收到的各种消息,包括官方的系统消息、发表的短视频评论、粉丝留言、点赞等,如图5-29所示。

我的:该界面是个人信息界面,显示用户信息以及喜欢的模板等内容,如图5-30所示。

图5-27 "剪同款"界面　　图5-28 "创作课堂"界面　　图5-29 "消息"界面　　图5-30 "我的"界面

5.1.2 视频剪辑界面

在"剪映"App起始界面的"创作区域"中点击"开始创作"按钮,在弹出的界面中将显示当前手机中的视频和照片,选择需要剪辑的视频,如图5-31所示。点击"添加"按钮,即可进入到视频剪辑界面中,该界面主要分为"预览区域""时间轴区域"和"工具栏区域"3部分,如图5-32所示。

图5-31 选择需要剪辑的视频　　　　图5-32 进入视频剪辑界面

在"预览区域"的底部为用户提供了相应的视频播放图标,如图5-33所示。点击"播放"图标,可以在当前界面中预览视频;如果在该界面中对视频的编辑操作出现失误,可以点击"撤消"图标;如果希望恢复上一步所做的视频编辑操作,可以点击"恢复"图标;点击"全屏"图标，可以切换到全屏模式预览当前视频。

在"时间轴区域"，如图5-34所示，上方显示的是视频的时间刻度；白色竖线为时间指示器，指示当前的视频位置，可以在时间轴上任意滑动视频；点击时间轴左侧的"喇叭"图标，可以开启或关闭视频中的原声。

图5-33 预览区域

图5-34 时间轴区域

图5-35 缩小轨道
时间轴大小

图5-36 放大轨道
时间轴大小

在时间轴区域进行双指捏合操作，可以缩小轨道时间轴大小，如图5-35所示，适合视频的粗放剪辑；在时间轴区域进行双指分开操作，可以放大轨道时间轴大小，如图5-36所示，适合视频的精细剪辑。

如果还希望添加其他的素材，可以点击时间轴右侧的"加号"图标，可以在弹出的界面中选择需要添加的视频或图片素材即可。

> **小贴士**：在视频轨道的下方可以增加音频轨道、文本轨道、贴纸轨道和特效轨道，音频、文本和贴纸轨道可能有多条，而特效轨道只能有一条。

在视频剪辑界面底部的"工具栏区域"中点击相应的图标，即可显示该工具的二级工具栏，如图5-37所示，通过二级工具栏中的工具，可以实现视频中相应内容的添加。

完成视频的剪辑处理之后，在界面右上角点击"分辨率"选项，可以在弹出的窗口中设置所需要发布视频的"分辨率""帧率"和"码率"，如图5-38所示。

图5-37 二级工具栏

图5-38 导出设置选项

在"剪映"App 中为用户提供了 3 种视频分辨率,480p 的视频分辨率为 640px × 480px,720p 的视频分辨率为 1280px × 720px,1080p 的视频分辨率为 1920px × 1080px,当前国内视频平台支持的主流分辨率为 1080p,所以尽量将视频设置为 1080p。

"帧率"选项用于设置视频的帧频率,即每秒钟播放多少帧画面。"帧率"选项为用户提供了 5 种帧频率,通常选择默认的 30 即可,表示每秒播放 30 帧画面。

"码率"选项用于设置数据传输时单位时间传送的数据位数,"码率"越高,视频画面越清晰,"码率"越低,导出的视频文件越小。

5.2 素材剪辑基础

在开始使用"剪映"App 对短视频进行编辑制作之前,首先需要掌握"剪映"App 中各种短视频剪辑操作方法,这样才能做到事半功倍的效果。

5.2.1 导入素材

在进行短视频制作之前,首先需要导入相应的素材。打开"剪映"App,点击"开始创作"图标,在选择素材界面中为用户提供了 3 种导入素材的方法,分别是"照片视频""剪映云"和"素材库"。

照片视频:在该界面中可以选择手机中所存储的视频或照片素材,如图 5-39 所示。

剪映云:在该界面中可以从用户自己的剪映云空间中选择相应的素材,如图 5-40 所示。"剪映"App 为每个用户提供了 512MB 的免费云空间,用户可以将常用的素材上传至剪映云空间中,便于导入时使用。

素材库:"剪映"App 为用户提供了丰富的短视频素材库,许多在短视频中经常看到的片段都可以从素材库中找到,丰富用户的短视频创作,如图 5-41 所示。

图 5-39 "照片视频"界面　　图 5-40 "剪映云"界面　　图 5-41 "素材库"界面

在选择素材界面中点击"素材库"选项,切换到"素材库"选项卡中,在该选项卡中内置了丰富的素材可供用户选择,主要有"背景""片头""片尾""转场""故障动画""空镜""情绪爆梗""氛围"和"绿幕"多种类型的素材,如图 5-42 所示。

> **小贴士**:在"素材库"选项卡中提供的都是视频片段,所以素材中的文字内容并不支持修改。

图 5-42 提供了多种不同类型的素材

"素材库"选项卡所提供的许多视频素材都是我们在短视频中经常能够看到的画面,例如,图 5-43 所示的素材片段。

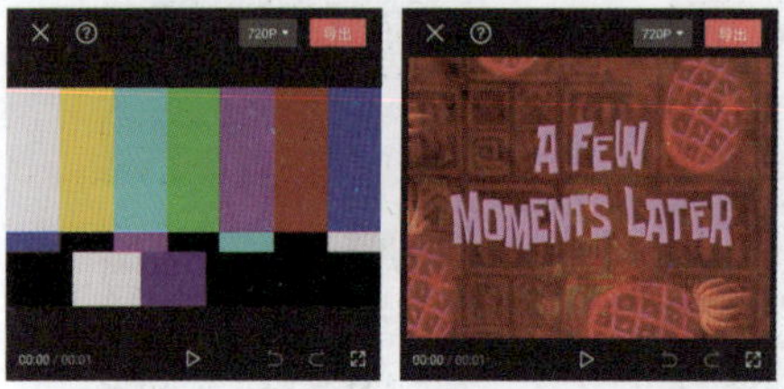

1. 导入素材库中的素材

在"素材库"选项卡点击需要使用的素材,可以将该素材下载到用户的手机存储中,下载完成后可以将其选中,点击界面底部的"添加"按钮,如图 5-44 所示。切换到视频剪辑界面,将所选择的视频素材添加到时间轴中,如图 5-45 所示,即可完成素材库中素材的导入操作。

图 5-43 短视频中常见的素材片段

2. 将素材库中的素材作为画中画使用

在起始界面中点击"开始创作"图标,在选择素材界面中选择需要导入的手机存储中的素材,点击"添加"按钮,如图 5-46 所示。切换到视频剪辑界面,并将所选择的素材添加到时间轴中,如图 5-47 所示。

点击底部工具栏中的"画中画"图标,点击"新增画中画"图标,显示素材选择界面,切换到"素材库"选项卡中,选择需要使用的素材,点击"添加"按钮,如图 5-48 所示。返回到视频剪辑界面中,在预览区域调整素材大小并将其移至合适的位置,如图 5-49 所示。

点击底部工具栏中的"混合模式"图标,在底部显示相应的混合模式选项,如图 5-50 所示。点击选择"滤色"选项,为素材应用"滤色"混合模式,在预览区域中可以看到素材的黑色背景被去除,如图 5-51 所示。

第 5 章 | 使用"剪映"制作短视频

图 5-44 选择需要的素材　　图 5-45 导入的素材　　图 5-46 选择本机素材　　图 5-47 将素材添加到时间轴

 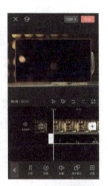  

图 5-48 选择需要的素材　　图 5-49 调整素材　　图 5-50 显示混合模式　　图 5-51 设置"滤色"模式效果

3. 导入素材并分屏排版

在起始界面中点击"开始创作"图标,在选择素材界面中选择 3 个素材文件,如图 5-52 所示。点击"分屏排版"按钮,切换到视频排版界面,为所选择的多个素材文件提供了 6 种不同的排版布局方式,点击不同的布局方式,即可预览相应的排版布局效果,如图 5-53 所示。

图 5-52 选择 3 个素材文件　　图 5-53 选择不同布局方式的效果

> **小贴士**:要使用"剪映"App 中提供的"分屏排版"功能,必须在素材选择界面中选择两个及以上的素材,选择不同数量的素材,会提供不同的 6 种排版布局方式供用户选择。

在视频排版界面底部点击"比例"选项,显示多种视频显示比例供用户选择,点击选择不同的视频比例,即可将分屏排版视频设置为该比例的显示效果,如图 5-54 所示。完成排版布局和显示比例的设置之后，点击界面右上角的"导入"按钮，切换到视频剪辑界面，并将分屏排版后的素材添加到时间轴中，如图5-55所示。

5.2.2 视频显示比例与背景设置

在手机短视频开始流行之前，通常我们都是通过电脑来观看视频，电脑屏幕上的视频分辨

图5-54 选择不同显示比例的效果

图5-55 将分屏排版素材添加到时间轴

率通常是16∶9，如图5-56所示。而随着手机短视频的流行，特别是"抖音""快手"之类的短视频平台的迅速崛起，手机平台上的视频分辨率通常都是9∶16，如图5-57所示。

图5-56 16∶9的视频分辨率

图5-57 9∶16的视频分辨率

所选择的素材中第1张素材的比例为16∶9，所以所创建的视频剪辑比例为16∶9。

打开"剪映"App，点击"开始创作"图标，在选择素材界面中选择手机中的视频素材，如图5-58所示。点击"添加"按钮，进入到视频编辑界面，如图5-59所示。

在界面底部点击"比例"图标，显示"比例"的二级工具栏，这里为用户提供了10种视频比例，如图5-60所示。点击相应的比例选项，即可将当前视频项目的比例修改为所选择的视频比例。

图5-58 选择素材　　图5-59 进入视频编辑界面

> **小贴士**：项目的原始视频比例由第一个素材的比例决定，例如所选择的第1张素材的比例为16∶9，所创建的视频的比例就是16∶9。

点击3∶4比例选项，将当前横版视频处理为竖版效果，背景部分默认填充黑色，如图5-61所示。点击界面右下角的"对号"图标，返回到主工具栏中，点击"背景"图标，显示"背景"的二级工具栏，这里为用户提供了3种背景方式，如图5-62所示。

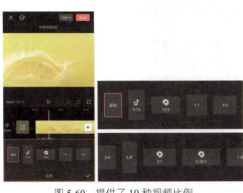  

图 5-60　提供了 10 种视频比例　　图 5-61　选择视频比例面　　图 5-62　提供了 3 种背景方式

　　画布颜色：点击"画布颜色"选项，在界面底部显示颜色选择器，可以选择一种纯色作为视频的背景，如图 5-63 所示。

　　画布样式：点击"画布样式"选项，在画布样式中为用户提供了多种不同效果的背景图片，可以选择一张背景图片作为视频的背景，如图 5-64 所示。也可以点击"添加图片"图标，在本机中选择自己喜欢的图片作为背景。

图 5-63　使用纯色背景　　图 5-64　使用图片背景　　图 5-65　使用模糊背景

　　画布模糊：点击"画布模糊"选项，在同底部显示 4 种模糊程度供用户选择，点击其中一种模糊程度选项，即可使用该模糊程度对素材进行模糊处理并作为视频的背景，如图 5-65 所示。

　　选择一种背景样式之后，点击界面右下角的"对号"图标，即可为当前所选择的素材应用所选择的背景效果。点击"应用到全部"选项，则可以将所选择的背景效果应用到该视频项目中的素材片段背景中。

5.2.3　粗剪与精剪

　　完成了视频的拍摄后就可以对视频进行剪辑操作，剪辑视频通常有两种方法，一种是粗剪，即对视频进行大致的剪辑处理；另一种是精剪，通常是对视频进行逐帧的细致剪辑处理。通常粗剪与精剪相结合，即可完成视频的剪辑处理。

1. 粗剪

　　对视频素材进行粗剪只需要使用 4 个基础操作，分别是"拖动""分割""删除"和"排序"。

　　打开"剪映"App，点击"开始创作"图标，在选择素材界面中选择需要进行剪辑的视频素材，点击"添加"按钮，如图 5-66 所示。

图 5-66　选择视频素材边框　　图 5-67　素材显示白色　　图 5-68　对视频进行删除操作

（1）"拖动"操作

进入视频剪辑界面，在时间轴中选中需要剪辑的素材，或点击底部工具栏中的"剪辑"图标，当前素材会显示白色的边框，如图 5-67 所示。拖动素材白色边框的左侧或右侧，即可对该视频素材进行删除或恢复操作，如图 5-68 所示。

（2）"分割"操作

如果视频素材的中间某一部分不想要，可以将时间指示器移至视频相应的位置，点击底部工具栏中的"剪辑"图标，显示"剪辑"的二级工具栏，点击"分割"图标，即可在时间指示器位置将视频片段分割为两段视频，如图 5-69 所示。

（3）"删除"操作

在时间轴中选择不需要的视频片段，点击底部工具栏中的"剪辑"图标，显示"剪辑"的二级工具栏，点击"删除"图标，即可将选择的视频片段删除，如图 5-70 所示。

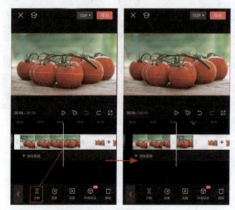

图 5-69　视频分割操作　　　　　　　图 5-70　删除不需要的视频片段

（4）"排序"操作

在时间轴中选中并长按素材不放，时间轴中所有素材会变成如图 5-71 所示的小方块，可以通过拖动方块的方式调整视频片段的顺序，如图 5-72 所示。通过对时间轴中的素材进行排序操作，将素材按照脚本顺序排列，这样我们就基本完成了视频的粗剪工作。

2. 精剪

在视频剪辑界面的时间轴区域，通过两指分开操作，可以放大轨道时间轴大小，如图 5-73 所示，就可以对时间轴中的素材进行精细剪辑。

"剪映" App 支持的最高剪辑精度为 4 帧画面，4 帧画面的精度已经能够满足大多数的视频剪辑需求，低于 4 帧画面的视频片段是无法进行分割操作的，如图 5-74 所示。等于或高于 4 帧画面的视频片段才可以进行分割操作。

第 5 章 | 使用"剪映"制作短视频

图 5-71　长按素材不放

图 5-72　调整视频片段顺序

低于 4 帧的画面
无法进行分割

图 5-73　放大轨道时间轴大小

图 5-74　低于 4 帧的画面无法进行分割

> **小贴士**：需要注意的是，在时间轴中选择视频素材，通过拖动该视频素材首尾的白色边框剪辑视频的操作方法，可以实现逐帧剪辑。

5.2.4　添加音频

本节将向大家介绍如何在短视频中添加音频素材，以及音频素材的编辑与处理方法。

1. 使用音乐库中的音乐

将素材添加到时间轴后，点击底部工具栏中的"音频"图标，显示"音频"的二级工具栏，如图 5-75 所示。点击二级工具栏中的"音乐"图标，显示"添加音乐"界面，为用户提供了丰富的音乐类型分类，如图 5-76 所示。

在"添加音乐"界面的下方还为用户推荐了一些音乐，用户只需要点击相应的音乐名称，即可试听该音乐效果，如图 5-77 所示。

喜欢的音乐，用户只需要点击该音乐右侧的"收藏"图标，即可将该音乐加入到"收藏"选项卡中，如图 5-78 所示，便于下次能够快速找到该音乐。

"抖音收藏"选项卡中显示的是同步用户"抖音"音乐库中所收藏的音乐，如图 5-79 所示。

在"导入音乐"选项卡中包含 3 种导入音乐的方式。

点击"链接下载"图标，在文本框中粘贴"抖音"或其他平台分享的音频 / 音乐链接，如图 5-80 所示。

095

电子商务短视频策划、拍摄、制作与运营

图 5-75 显示"音频"二级工具栏

图 5-76 "添加音乐"界面

图 5-77 点击音乐名称试听

图 5-78 "收藏"选项卡

> **小贴士**：使用外部音乐需要注意音乐的版权保护，为避免侵权，应尽量使用一些无版权的音乐。

点击"提取音乐"图标，点击"去提取视频中的音乐"按钮，如图 5-81 所示，可以在显示的界面中选择本地存储的视频，点击界面底部的"仅导入视频中的声音"按钮，如图 5-82 所示，即可将选中的视频中的音乐提取出来。

点击"本地音乐"图标，在界面中会显示当前手机存储的本地音乐文件列表，如图 5-83 所示。

图 5-79 "抖音收藏"选项卡

图 5-80 "链接下载"方式

图 5-81 "提取音乐"方式

图 5-82 选择需要提取音乐的视频

2. 添加内置音效

为短视频选择合适的音效能够有效提升视频的效果。在视频剪辑界面中点击底部工具栏中的"音效"图标，在界面底部会弹出音效选择列表，"剪映" App 中内置了种类繁多的各种音效，如图 5-84 所示。音效的添加方法与添加音乐的方法基本相同，点击需要使用的音效名称，会自动下载并播放该音效，点击音效右侧的"使用"按钮，如图 5-85 所示，即可使用所下载的音效，音效会自动添加到当前所编辑的视频素材的下方，如图 5-86 所示。

> **小贴士**：在视频剪辑界面底部的主工具栏中还包含"提取音乐"和"抖音收藏"图标，这两种获取音乐的方式与之前介绍的音乐库界面中的"抖音收藏"选项卡，以及"导入音乐"选项卡中的"提取音乐"选项的方式是完全相同的。

第 5 章 | 使用"剪映"制作短视频

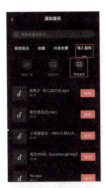   

图 5-83 "本地音乐"　　图 5-84 种类繁多的　　图 5-85 下载并使用音效　　图 5-86 音效添加到
　　　　列表　　　　　　　　　内置音效　　　　　　　　　　　　　　　　　　　　　时间轴

3. 录音

点击界面底部工具栏中的"录音"图标，在界面底部显示"录音"图标，如图 5-87 所示。按住红色的"录音"图标不放，即可进行录音操作，如图 5-88 所示，松开手指完成录音操作，点击右下角的"对号"图标，录音会直接添加到所编辑视频素材的下方，如图 5-89 所示。

5.2.5 音频素材剪辑与设置

图 5-87 显示"录　　图 5-88 进行录音　　图 5-89 录音添加
　　　　音"图标　　　　　　　　操作　　　　　　　　到时间轴

在视频剪辑界面中为视频素材添加音频之后，同样可以对所添加的音频进行剪辑操作。

在时间轴中点击选择需要剪辑的音频，在界面底部工具栏中会显示针对音频编辑的工具图标，如图 5-90 所示。

音量：点击底部工具栏中的"音量"图标，在界面底部显示音量设置选项，默认音量为 100%，最高支持 10 倍音量，如图 5-91 所示。

淡化：点击底部工具栏中的"淡化"图标，在界面底部显示音频淡化设置选项，包括"淡入时长"和"淡出时长"两个选项，如图 5-92 所示。淡化是音频编辑中常用的一个功能，通常为音频设置淡入和淡出设置，使音频开始和结束不会很突兀。

> **小贴士**：如果在一段音乐中截取一部分作为视频的音频素材时，截取部分的开始很突然，结尾戛然而止，这样的音频素材就可以通过"淡化"选项的设置，使音频实现淡入淡出的效果。

分割：点击底部工具栏中的"分割"图标，可以在当前位置将所选择的音频分割为两部分，如图 5-93 所示。

变声：点击底部工具栏中的"变声"图标，在界面底部显示内置的变声选项，可以将当前所选择的音频素材中的声音变化为特殊的声音效果，如图 5-94 所示。

踩点：点击底部工具栏中的"踩点"图标，在界面底部显示踩点的相关设置选项，如图 5-95 所示，点击"添加点"按钮，可以在相应的音乐位置添加点，也可以打开"自动踩点"

功能，对音频素材进行自动踩点。

图 5-90　显示音频编辑工具　　图 5-91　显示音量设置选项　　图 5-92　显示音频淡化设置选项　　图 5-93　分割音频素材

删除：点击底部工具栏中的"删除"图标，可以将选中的音频素材删除。

变速：点击底部工具栏中的"变速"图标，在界面底部显示音频变速设置选项，如图 5-96 所示，可以加快或放慢音频的速度。

降噪：点击底部工具栏中的"降噪"图标，在界面底部显示降噪开关选项，如图 5-97 所示，点击打开该功能，可以自动对所选择的音频进行降噪处理。

复制：点击底部工具栏中的"复制"图标，可以对当前选中的音频素材进行复制操作。

图 5-94　显示内置的变声选项　　图 5-95　显示踩点设置选项　　图 5-96　显示音频变速选项　　图 5-97　显示音频降噪选项

5.2.6　制作美食产品电子相册

本节将在"剪映"App 中完成一个视频电子相册的制作，主要是将所拍摄的最新上市的美食产品照片制作成短视频，并且搭配自己喜欢的背景音乐，从而使静态的照片表现为动态的短视频，视觉表现效果更加突出。

实战　制作分屏显示视频效果

最终效果：资源 \ 第 5 章 \5-2-6.mp4　　视频：视频 \ 第 5 章 \ 制作美食产品电子相册 .mp4

步骤 01　在"剪映"App 起始界面点击"开始创作"图标，在选择素材界面中选择 1 段视频素材,如图5-98所示。切换到"照片"选项中,再按顺序选择多张需要使用的照片,如图5-99所示,点击"添加"按钮,进入视频剪辑界面,如图5-100所示。

> **小贴士**:同时选择多个素材添加到视频剪辑界面中,则选择素材的顺序就是素材在时间轴中的排列顺序。当然添加到时间轴中的素材顺序是可以进行调整的,在时间轴中按住需要调整顺序的素材不放,当时间轴中的素材都变为正方形方块时,拖动即可调整素材在时间轴中的排列顺序。

步骤02 点击选择视频轨道中的第1段视频素材,点击底部工具栏中的"调节"图标,如图5-101所示。在界面底部显示相关的调节选项,选择"对比度"选项,增强素材的对比度,如图5-102所示。选择"锐化"选项,对视频画面进行适当锐化处理,如图5-103所示。点击"对号"图标,应用视频素材的调节操作。

图5-98 选择视频素材　　图5-99 选择多个照片素材　　图5-100 进入视频剪辑界面　　图5-101 点击"调节"图标

步骤03 返回到主工具栏中,点击"音频"图标,显示"音频"二级工具栏,点击"音乐"图标,显示"添加音乐"界面,如图5-104所示。点击"美食"分类选项,进入该分类音乐列表,如图5-105所示。在音乐列表中点击音乐名称即可试听音乐,通过试听的方式找到适合的卡点音乐,点击"使用"按钮,如图5-106所示。

图5-102 调整素材亮度　　图5-103 对素材进行锐化　　图5-104 "添加音乐"界面　　图5-105 显示美食音乐列表

步骤04 返回剪辑界面,将所选择的音乐添加到时间轴中,如图5-107所示。点击选择时间轴中的音乐,点击底部工具栏中的"节拍"图标,如图5-108所示。在界面下方显示"踩点"选项,可以通过点击"添加点"按钮,为音乐手动添加踩点标记,如图5-109所示。

步骤05 也可以使用自动踩点功能,将手动添加的点删除,打开"自动踩点"功能,分别试听"踩节拍Ⅰ"和"踩节拍Ⅱ",选择一种适合的踩节拍选项,这里选择"踩节拍Ⅰ",如图 5-110 所示。点击右下角的"对号"图标,完成音频的踩点标记,返回到剪辑界面中,在音频下方可以看到自动添加的踩点标记(黄色实心圆点),如图 5-111 所示。

图 5-106 选择合适的音乐

图 5-107 将音乐添加到时间轴

图 5-108 点击"踩点"图标

图 5-109 手动添加踩点标记

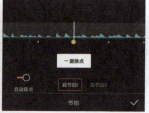
图 5-110 分别试听两种自动踩点方式

图 5-111 完成音乐踩点标记

步骤 06 在时间轴中点击选择第 1 段视频素材,通过拖动其白色边框的左侧和右侧,对该段素材的持续时长进行调整,调整该素材的时长与第 3 个踩点标记相一致,如图 5-112 所示。点击选择时间轴中第 2 段照片素材,拖动其白色边框的右侧,调整该素材的时长与相应的踩点标记相一致,如图 5-113 所示。

步骤 07 使用相同的制作方法,可以分别调整时间轴中其他照片素材的持续时间,使其与每一个踩点标记对齐,如图 5-114 所示。

图 5-112 剪辑第 1 段素材

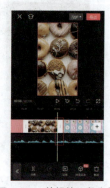
图 5-113 剪辑第 2 段素材

图 5-114 剪辑素材与踩点标记一致

步骤08　将时间指示器移至合适的位置,点击底部工具栏中的"文字"图标,点击"文字"二级工具栏中的"新建文本"图标,输入标题文字,如图5-115所示。在视频预览区域将所添加的文字放大,并调整到合适的位置,如图5-116所示。在"字体"选项区中为标题文字选择一种手写字体,如图5-117所示。

步骤09　切换到"花字"选项区中,为标题文字选择一种预设的花字效果,如图5-118所示。切换到"动画"选项卡中,点击"渐显"选项,为标题文字应用"渐显"入场动画,如图5-119所示。切换到"出场"中,点击"缩小"选项,为标题文字应用"缩小"出场动画,如图5-120所示。

图5-115　输入标题文字　　图5-116　放大文字并调整位置　　图5-117　选择字体　　图5-118　选择花字效果

步骤10　拖动下方的滑块,调整入场动画和出场动画的时长均为1s,如图5-121所示。点击"对号"图标,完成标题文字的设置,调整标题文字的起始和结束位置,如图5-122所示。点击底部工具栏中的"添加贴纸"图标,在界面底部显示内置的贴纸选项,点击选择自己喜欢的贴纸,如图5-123所示。

图5-119　选择入场动画　　图5-120　选择出场动画　　图5-121　调整动画持续时间　　图5-122　调整文字起始位置

步骤11　点击"对号"图标,完成贴纸的添加,在预览区域中调整贴纸的大小和位置,如图5-124所示。在时间轨中调整贴纸的起始位置和终止位置与标题文字相同,如图5-125所示。选择时间轴中刚添加的贴纸,点击底部工具栏中的"动画"图标,在底部显示入场动画相关选项,点击选择"渐显"入场动画,如图5-126所示。

步骤12　切换到"出场动画"选项卡中,点击选择"渐隐"出场动画,如图5-127所示。拖动滑块调整入场动画和出场动画的持续时间均为1秒，如图5-128所示，点击"对号"图标，为贴纸素材应用入场和出场动画。返回到主工具栏中，点击时间轴中素材与素材之间的白色方块图标，在界面底部显示转场的相关选项，如图5-129所示。

图5-123　添加贴纸　　图5-124　调整贴纸　　图5-125　调整贴纸　　图5-126　应用入场动画
　　　　　　　　　　　　　　　大小和位置　　　　　　　持续时间

步骤13　点击相应的转场，在预览区域中即可看到所选择的转场效果。这里点击选择"运镜"选项卡中的"3D空间"转场，点击界面左下角的"应用到全部"选项，将该转场效果应用到时间轴中所有的素材之间，如图5-130所示。点击右下角的对号图标，完成转场效果的应用，可以看到素材之间的图标效果，如图5-131所示。

图5-127　应用出场动画　　图5-128　设置动画时长　　图5-129　显示转场选项　　图5-130　应用转场效果

> **小贴士**：在添加转场效果时，可以设置转场效果的时长，并且可以为每个素材与素材之间添加不同的转场效果。因为转场效果具有一定的时长，当应用一些转场效果之后，有可能素材的转场切换与音乐踩点的位置出现不对齐的情况，这时就需要再次对素材的时长进行调整，从而实现素材的切换与音乐踩点位置的完美契合。

步骤14　将时间指示器移至短视频结束的位置，选择时间轴中的音频素材，点击底部工具栏中的"分割"图标，如图5-132所示。对音频素材分割，选择分割后的后半部分音频素材，点击底部工具栏中的"删除"图标，如图5-133所示，将其删除。选择音频素材，点击底部工具栏中的"淡化"图标，设置"淡出时长"为2秒，如图5-134所示。点击"对号"图标，完成音频素材的淡化设置。

图 5-131　应用转场后素材　　图 5-132　分割音频素材　　图 5-133　删除不需　　图 5-134　设置"淡出
　　　　　之间的图标效果　　　　　　　　　　　　　　　　　　　　　要的音频　　　　　　　　　时长"选项

步骤 15　点击时间轴左侧的"设置封面"选项，如图 5-135 所示。进入封面设置界面，如图 5-136 所示。向右滑动时间轴，选择视频中某一帧画面作为封面，如图 5-137 所示。

步骤 16　点击左下角的"封面模板"按钮，在界面底部显示内置的封面模板，点击选择合适的封面模板，如图 5-138 所示。点击"对号"图标，应用所选择的封面模板，在预览区域中点击封面中的文字，如图 5-139 所示。在界面底部可以对封面文字进行修改，如图 5-140 所示。

图 5-135　点击"设置　　　图 5-136　封面设置界面　　图 5-137　选择封面　　图 5-138　选择合适的
　　　　　封面"选项　　　　　　　　　　　　　　　　　　　　　　　视频帧　　　　　　　　　封面模板

步骤 17　使用相同的方法，对其他的封面文字进行修改，如图 5-141 所示。在预览区域中可以调整封面文字的大小和位置，如图 5-142 所示。完成短视频封面的制作，如图 5-143 所示。点击界面右上角的"保存"按钮，保存封面设置。

步骤 18　点击界面右上角的"分辨率"选项，在弹出的窗口中设置所需要发布视频的"分辨率"为 720P，如图 5-144 所示。点击界面右上角的"导出"按钮，显示导出视频界面，如图 5-145 所示。视频导出完成后可以选择是否将所制作的短视频同步到"抖音"和"西瓜"短视频平台，如图 5-146 所示。

步骤 19　完成该美食产品电子相册的制作，点击预览区域的"播放"图标，可以看到视频电子相册的效果，如图 5-147 所示。

图 5-139　点击需要修改的文字　　图 5-140　修改封面文字　　图 5-141　修改其他封面文字　　图 5-142　调整封面文字大小和位置

图 5-143　完成封面制作　　图 5-144　设置导出分辨率　　图 5-145　显示视频导出进度　　图 5-146　导出完成界面

图 5-147　预览电子相册效果

5.3　短视频效果的添加与设置

在"剪映"App 中除了为用户提供了基础的视频剪辑和声音剪辑功能之外，还提供了许多短视频制作常用的各种特效和功能，例如变速、画中画、文本动画、滤镜、特效等，通过这些功能的使用可以创作出各种短视频效果。

5.3.1 变速效果

打开"剪映"App，点击"开始创作"图标，在选择素材界面中选择相应的视频素材，点击"添加"按钮，如图5-148所示。切换到视频剪辑界面，选择时间轴中的视频素材，点击底部工具栏中的"变速"图标，显示"变速"的二级工具栏，如图5-149所示。

在"剪映"App中为用户提供了两种变速方式，分别是"常规变速"和"曲线变速"。

1．常规变速

常规变速和其他视频剪辑App中的变速处理相似，可以更改视频素材整体的倍速。

点击底部工具栏中的"常规变速"图标，在界面底部显示常规变速设置选项，如图5-150所示，支持最低0.1倍速，最高100倍速，点击"声音变调"，可以在调整视频倍速的情况下，同步对视频中的声音进行变调处理。

2．曲线变速

点击底部工具栏中的"曲线变速"图标，显示曲线变速设置选项，如图5-151所示，内置了"蒙太奇""英雄时刻""子弹时间""跳接""闪进"和"闪出"6种曲线变速方式。

点击6种曲线变速方式中的任意一种方式图标，即可为视频素材应用该种曲线变速效果。例如点击"蒙太奇"图标，会自动在预览区域中播放应用"蒙太奇"变速方式后的视频效果，如图5-152所示。如果对变速效果不太满意，也可以点击"点击编辑"图标，在界面底部会显示"蒙太奇"变速方式的运动速度曲线，如图5-153所示。

图5-148　选择视频素材　　图5-149　显示"变速"二级工具栏　　图5-150　"常规变速"选项

 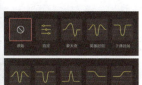  

图5-151　"曲线变速"选项　　图5-152　预览"蒙太奇"变速方式　　图5-153　显示运动速度曲线

> **小贴士**：上升曲线表示视频播放持续加速，下降曲线表示视频播放持续减速，这种持续的曲线变速方式又被称为坡度变速，是视频剪辑过程中一种专业操作，许多出色的视频剪辑中都会运用这一技巧，视频的忽快忽慢可以增加视频的仪式感。

点击并拖动速度曲线上的控制点，可以移动其位置，如图5-154所示。也可以点击"添加点"按钮，在速度曲线的空白位置添加速度曲线控制点，如图5-155所示。同样点击选中相应的控制点，点击"删除点"按钮，可以将选中的控制点删除。点击"重置"选项，可以恢复默认的速度曲线设置，如图 5-156 所示。

表示素材的原持续时间和曲线变速后的持续时间

图 5-154　移动控制点　　　图 5-155　添加控制点　　　图 5-156　重置速度曲线界面

> **小贴士**：假如我们想要给视频中某一个物体特写，可以移动最低速控制点直到预览画面中，该物体出现在画面中央。

如果点击"自定"图标，再次点击"点击编辑"图标，即可进入视频速度曲线的自定义编辑模式，用户可以通过拖动、添加控制点的方式，对视频的运动速度进行编辑设置。

5.3.2　画中画

画中画是一种视频内容呈现方式，是指在一部视频全屏播放的同时，于画面的小面积区域上同时播放另一部视频。

打开"剪映"App，点击"开始创作"图标，在选择素材界面中选择相应的视频素材，点击"添加"按钮，如图 5-157 所示。切换到视频剪辑界面，点击底部工具栏中的"画中画"图标，显示"画中画"的二级工具栏，如图 5-158 所示。

点击底部工具栏中的"新增画中画"图标，在选择素材界面中选择另一个素材，点击"添加"按钮，如图 5-159 所示。切换到视频剪辑界面，就可以在主轨道的下方添加所选择的视频或图片素材，如图 5-160 所示。

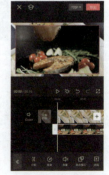

图 5-157　选择视频素材　　图 5-158　"画中画"二级工具栏　　图 5-159　选择另一个素材　　图 5-160　在主轨道下方添加素材

在预览区域中使用手指进行捏合或分开操作，可以对刚导入的画中画素材进行缩放操作，如图5-161所示。在预览区域中使用手指按住素材，可以对其进行移动操作，如图5-162所示。

> **小贴士：** 在"剪映"App中最多支持6个画中画，也就是1个主轨道和6个画中画轨道，总共可以同时播放7个视频。

点击底部工具栏中的"画中画"图标，再点击"新增画中画"图标，在选择素材界面中选择另一个素材，点击"添加"按钮，如图5-163所示。切换到视频剪辑界面，就可以在主轨道的下方添加第2个画中画素材，如图5-164所示。在预览区域中调整刚添加的画中画素材到合适的大小和位置，如图5-165所示。

图 5-161　对素材进行　　图 5-162　对素材进行　　图 5-163　选择另一个素材　　图 5-164　添加第 2 个
　　　　　缩放操作　　　　　　　　移动操作　　　　　　　　　　　　　　　　　　　　　　　　　画中画素材

> **小贴士：** 当一个视频剪辑中包含多个画中画素材时，后添加的画中画素材的层级较高，在重叠区域高层级的素材会覆盖低层级的素材。

在时间轴中选择任意一个画中画素材，点击底部工具栏中的"层级"图标，如图5-166所示。在底部弹出区域中可以调整画中画素材的层级，如图5-167所示。按住画中画素材缩览图拖动即可调整画中画素材层级，在预览区域中可以看到素材层级的变化，而时间轴区域中画中画素材的位置无变化，如图5-168所示。

图 5-165　调整素材　　图 5-166　点击"层级"　　图 5-167　显示层级　　图 5-168　调整层级效果
　　　　　大小和位置　　　　　　　图标　　　　　　　　　　选项

电子商务短视频策划、拍摄、制作与运营

图 5-169　点击"切主轨"图标　　图 5-170　画中画素材移至主轨　　图 5-171　点击"切画中画"图标

在时间轴中选择相应的画中画素材，点击底部工具栏中的"切主轨"图标，如图 5-169 所示。可以将所选择的画中画素材移动至主轨道中，如图 5-170 所示。

同样也可以将主轨中的素材移至画中画轨道中，选择主轨道中需要移至画中画轨道的素材，点击底部工具栏中的"切画中画"图标，如图 5-171 所示，即可将所选择的主轨素材移至画中画轨道中。

：如果需要将主轨道中的素材切到画中画轨道中，那么主轨道中必须包含至少两段素材，否则无法将素材切到画中画轨道中。

5.3.3　制作短视频标题消散效果

本节制作一个短视频标题特效，该效果主要是通过为文字添加动画效果，将文字的入场与出场动画与准备好的粒子视频素材相结合，设置粒子视频素材的混合模式，从而表现出短视频标题文字的粒子消散效果。

实战　制作短视频标题消散效果

最终效果：资源 \ 第 5 章 \5-3-3.mp4　　视频：视频 \ 第 5 章 \ 制作短视频标题消散效果 .mp4

步骤 01　打开"剪映"App，点击"开始创作"图标，在选择素材界面中选择相应的视频素材，如图 5-172 所示。点击"添加"按钮，切换到视频剪辑界面，如图 5-173 所示。点击底部工具栏中的"文字"图标，点击"文字"二级工具栏中的"新建文本"图标，输入标题文字，如图 5-174 所示。

步骤 02　在"字体"选项区中为标题文字选择一种手写字体，并且在预览区域调整文字到合适的大小和位置，如图 5-175 所示。切换到"样式"选项区中，选择"阴影"选项，为文字设置阴影效果，如图 5-176 所示。

图 5-172　选择视频素材　　图 5-173　进入视频剪辑界面　　图 5-174　输入标题文字　　图 5-175　选择字体并调整文字位置

步骤03 切换到"动画"选项卡中,点击"渐显"选项,为标题文字应用"渐显"入场动画,如图5-177所示。切换到"出场"中,点击"打字机Ⅱ"选项,为标题文字应用"打字机Ⅱ"出场动画,如图5-178所示。拖动下方的滑块,调整入场动画和出场动画的时长均为1秒,如图5-179所示。

步骤04 点击"对号"图标,完成标题文字的设置,可以看到自动添加的文字轨道,如图5-180所示。滑动时间轴区域,将时间指示器移至文字开始消失的位置,如图5-181所示。取消文字轨的选中状态,返回到主工具栏中,点击"画中画"图标,再点击"新增画中画"图标,在选择素材界面中选择粒子消散的视频素材,点击"添加"按钮,如图5-182所示。

步骤05 将粒子消散视频素材添加到时间轴中,如图5-183所示。在预览区域放大该画中画素材,使其完全覆盖预览区域,如图5-184所示。点击底部工具栏中的"混合模式"图标,在弹出选项中点击选择"滤色"选项,如图5-185所示。

图5-176 为文字设置阴影效果

图5-177 应用"渐显"入场动画

图5-178 应用"打字机Ⅱ"出场动画

图5-179 调整动画时长

图5-180 自动添加文字轨道

图5-181 调整指示器位置

图5-182 选择画中画视频素材

图5-183 添加画中画素材

图5-184 调整画中画素材

图5-185 应用"滤色"混合模式

步骤06 点击"对号"图标,应用混合模式设置。按住轨道中所添加的粒子消散视频素材并拖动,可以调整该视频素材的起始位置,如图5-186所示。

步骤07 完成短视频效果的制作,点击界面右上角的"导出"按钮,显示视频导出进度,如图5-187所示。视频导出完成后可以选择是否将所制作的短视频同步到"抖音"和"西瓜"短视频平台,如图5-188所示。

图5-186 拖动调整素材位置　　图5-187 导出视频　　图5-188 分享到短视频平台

步骤08 完成该短视频标题消散效果的制作,点击预览区域的"播放"图标,可以看到短视频效果,如图5-189所示。

5.3.4 添加文本和贴纸

打开"剪映"App,点击"开始创作"图标,在选择素材界面中选择相应的视频素材,点击"添加"按钮,如图5-190所示。点击底部工具栏中的"文字"图标,显示"文字"二级工具栏,如图5-191所示。

图5-189 预览视频效果

1. 新建文本

点击底部工具栏中的"新建文本"图标,即可在视频素材上显示默认文本框,可以输入需要添加的文本内容,如图5-192所示。确认文字的输入后,在界面下方可以通过多个选项卡对文本效果进行设置。

在"字体"选项卡中提供了多种不同风格的字体,可以点击下载使用,如图5-193所示。

在"样式"选项卡中可以设置文字的样式效果,可以选择文字样式预设、文字颜色等,如图5-194所示。

图5-190 选择视频素材　　图5-191 显示"文本"二级工具栏　　图5-192 输入文字　　图5-193 选择字体

在预览区域中可以看到文字边框中左上角和右下角的图标，点击左上角的"删除"图标，可以将文字删除，按住右下角的"缩放"图标并拖动可以进行文字缩放，如图5-195所示。

在"花字"选项卡中为用户提供了多种预设的综艺花字效果，点击相应的花字预览即可为文字应用该种花字效果，如图5-196所示。

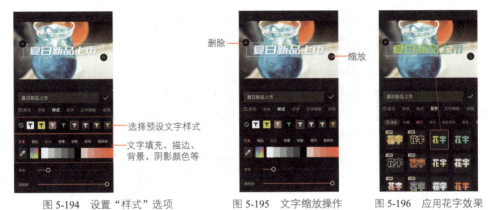

图5-194　设置"样式"选项　　　图5-195　文字缩放操作　　　图5-196　应用花字效果

在"文字模板"选项卡中为用户提供了多种预设的文字模板效果，点击相应的文字模板预览即可为文字应用该种模板效果，如图5-197所示。

在"动画"选项卡中为用户提供了不同类型的文字动画预设，包括"入场动画""出场动画"和"循环动画"，点击相应的动画预览即可为文字应用该种动画效果，在动画预览的下方会出现滑块，拖动滑块可以调整文字动画的持续时间，如图5-198所示。

点击"对号"图标，完成文字的添加和效果设置，在时间轴中自动添加文字轨道，点击底部工具栏中的"文本朗读"图标，如图5-199所示。在弹出选项中选择一种音色，点击"对号"图标，如图5-200所示。在预览区域点击"播放"图标，可以自动对添加的文字进行朗读。

图5-197　应用文字　　　图5-198　设置"动画"　　　图5-199　点击"文本　　　图5-200　选择一种
　　　模板效果　　　　　　　　选项　　　　　　　　　朗读"图标　　　　　　　朗读音色

2．识别字幕和识别歌词

"识别字幕"功能主要用于识别视频或声音素材中的人物说话，"识别歌词"功能主要用于识别视频或声音素材中的人物唱歌声音，从本质上来说这两个功能属于同一种功能。

点击底部工具栏中的"音频"图标，再点击"音乐"图标，如图5-201所示。显示"添加

"音乐"界面，在该界面中选择一首中文歌曲，如图 5-202 所示。点击"使用"按钮，将所选择的音乐添加到时间轴中，如图 5-203 所示。

点击"返回"图标，返回到主工具栏中，点击"文字"图标，再点击"识别歌词"图标，在弹出的对话框中点击"开始匹配"按钮，如图 5-204 所示。

图 5-201　点击"音乐"图标

图 5-202　选择合适的中文歌曲

图 5-203　将音乐添加到时间轴

图 5-204　点击"开始匹配"按钮

因为是在线识别，所以需要一点时间。识别成功后，会自动在时间轴中添加歌词文字轨道，如图 5-205 所示。在预览区域点击"播放"按钮，预览视频，会看到自动添加的歌词字幕效果，如图 5-206 所示。

在时间轴中选择识别得到的歌词，在预览区域中可以拖动调整歌词位置，并且可以通过文字框 4 个角的图标对文字进行相应的操作，如图 5-207 所示。

点击底部工具栏中的"动画"图标，可以为歌词文字选择一种预设的动画效果，例如这里选择"卡拉 OK"效果，如图 5-208 所示。点击"对号"图标，完成动画的添加，在预览区域点击"播放"图标，可以看到为歌词文字添加的动画效果，如图 5-209 所示。

图 5-205　自动添加歌词轨道

图 5-206　预览默认的歌词效果

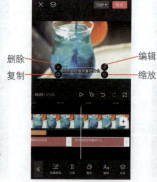
图 5-207　文字操作图标

图 5-208　应用动画效果

小贴士：除了可以为识别得到的歌词文字应用动画效果外，同样可以对文字的样式、花字效果进行设置。为歌词文字应用动画效果，默认将应用于所有歌词文字。

3. 添加贴纸

点击底部工具栏中的"添加贴纸"图标，在界面底部显示各种风格的内置贴纸供用户选择，如图 5-210 所示。点击一种贴纸，即可将点击的贴纸添加到视频中，如图 5-211 所示。

点击"对号"图标，在时间轴中自动添加贴纸轨道，可以在预览区域中调整贴纸到合适的大小和位置，如图 5-212 所示。

图 5-209　预览歌词文字动画　　图 5-210　显示贴纸选项　　图 5-211　选择一种贴纸　　图 5-212　调整贴纸大小和位置

选择所添加的贴纸，在底部工具栏中可以看到相关的操作图标，如图 5-213 所示。可以对贴纸进行分割、复制、翻转等操作。点击"动画"图标，在界面底部显示针对贴纸的相关动画预设，点击选择一种动画预设，如图 5-214 所示。点击"对号"图标，为贴纸应用相应的动画效果，在预览区域点击"播放"图标，可以看到添加的贴纸动画效果，如图 5-215 所示。

图 5-213　贴纸工具图标　　图 5-214　为贴纸添加动画　　图 5-215　预览贴纸动画效果

5.3.5　添加滤镜

本节将向读者介绍如何在"剪映"App 中为视频添加滤镜。添加合适的滤镜效果，可以为所创作的短视频作品带来一种脱离现实的美感。同一个视频添加不同的滤镜可能会产生不同的视觉效果。

打开"剪映"App，点击"开始创作"图标，添加相应的视频素材，点击底部工具栏中的"滤镜"图标，在界面底部显示相应的滤镜选项，如图 5-216 所示。

"剪映"提供了多种不同类型的滤镜，点击滤镜预览图即可在预览区域查看应用该滤镜的效果，并且可以通过滑块调整滤镜效果的强弱，如图 5-217 所示。点击"对号"图标，返回视频剪辑界面，在时间轴中自动添加滤镜轨道，如图 5-218 所示。

图 5-216　显示滤镜选项

图 5-217　点击应用滤镜

图 5-218　自动添加滤镜轨道

在时间轴区域拖动滤镜白色边框的左右两端，可以调整该滤镜的应用范围，如图 5-219 所示。

在"剪映"App 中支持为创作的短视频同时添加多个滤镜，在空白处点击，不要选择任何对象，点击底部工具栏中的"新增滤镜"图标，即可为短视频添加第 2 个滤镜，如图 5-220 所示。

如果需要删除某个滤镜，只需要在时间轴中选择需要删除的滤镜轨道，点击底部工具栏中的"删除"图标，如图 5-221 所示。

图 5-219　调整滤镜范围

图 5-220　添加第 2 个滤镜

图 5-221　删除滤镜

> **小贴士**：通常会在以下两种情形下使用滤镜：1. 回忆片段，通过为回忆片段添加滤镜，能够很好地与其他视频素材相区别；2. 存在瑕疵的视频素材，通过添加滤镜可以很好地掩盖视频中的瑕疵。

5.3.6　添加特效

通过使用"剪映"App 中所提供的特效库，可以轻松地在短视频中实现许多炫酷的短视频特效。

打开"剪映"App，添加视频素材，点击底部工具栏中的"特效"图标，在显示的二级工具栏中提供了"画面特效""人物特效""图片玩法"和"AI 创作"4 种特效分类可供选择，如图 5-222 所示。

1. 画面特效

点击"画面特效"图标，在界面底部显示内置的多种不同类型的画面特效，如图 5-223 所

第 5 章 | 使用"剪映"制作短视频

示,"画面特效"中的效果都将应用于素材画面的整体。

点击相应的特效预览图,即可在视频预览区域中看到该特效的效果,例如这里点击 Bling 分类中的"细闪"特效,如图 5-224 所示。

点击"对号"图标,返回视频剪辑界面,在时间轴中自动添加特效轨道,如图 5-225 所示。与添加滤镜相同,在时间轴区域拖动特效白色边框的左右两端,可以调整该特效的应用范围,如图 5-226 所示。

同样可以为创作的短视频同时添加多个特效,在空白处点击,不要选择任何对象,点击底部工具栏中的"画面特效"图标,即可为短视频添加第 2 个特效,如图 5-227 所示。

在时间轴中选择特效轨道,在底部工具栏中为用户提供了相应的特效工具,如图 5-228 所示。点击"调整参数"图标,可以在界面底部显示当前特效的参数设置选项,

图 5-222 "特效"二级工具栏

图 5-223 内置的画面特效

图 5-224 应用特效

图 5-225 自动添加特效轨道

图 5-226 调整特效范围

如图 5-229 所示,不同特效可以设置的参数也有所不同;点击"替换特效"图标,可以对当前轨道中的特效进行修改替换;点击"复制"图标,可以复制当前选择的特效轨道;点击"作用对象"图标,可以在弹出选择中选择当前轨道中的特效需要作用的对象,如图 5-230 所示,可以是主视频,也可以是其他轨道素材;点击"删除"图标,可以将选中的特效删除。

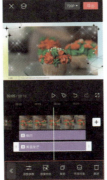

图 5-227 应用第 2 个特效　　图 5-228 特效的工具栏　　图 5-229 设置特效参数　　图 5-230 作用对象选项

> **小贴士**：特效在视频中的大量应用也让大众对很多视频特效产生审美疲劳，所以我们在短视频的创作过程中，重点还是在于视频内容，而不是多么花哨的特效。

2. 人物特效

点击"人物特效"图标，在界面底部显示内置的多种不同类型的人物特效，如图 5-231 所示，"人物特效"中的效果都将应用于素材中的人物特定部位。图 5-232 所示为素材应用"真的会谢"特效的效果。

3. 图片玩法

点击"图片玩法"图标，在界面底部显示内置的多种不同类型的图片特效，如图 5-233 所示，"图片玩法"中的效果都只针对图片素材起作用，对视频素材不可用。图 5-234 所示为图片素材应用"图片玩法"中"国潮 2022"特效的效果。

图 5-231 内置的人物特效

4. AI 创作

点击"AI 创作"图标，在界面底部显示 AI 创作的相关选项，如图 5-235 所示，在描述词文本框中点击，可以输入素材相关的描述词，如图 5-236 所示，完成描述词的输入之后，点击"生成"按钮，即可自动将素材处理为 AI 绘画效果，如图 5-237 所示。注意，"AI 创作"特效目前只可应用于图片素材，并且为 VIP 功能。

图 5-232　应用"真的会谢"特效的效果　　图 5-233　内置的图片玩法特效　　图 5-234　应用"国潮 2022"特效的效果　　图 5-235　显示"AI 创作"选项

图 5-236　输入描述词　　图 5-237　生成 AI 绘画效果

5.3.7　视频调节

在"剪映"App 中可以对短视频进行调色处理，好的调色处理应该要符合短视频的主题，不能过度夸张，应该要恰到好处。

打开"剪映"App，点击"开始创作"图标，添加相应的视频素材，点击底部工具栏中的"调节"图标，在界面底部显示相应的调节选项，如图 5-238 所示。

根据需要点击需要调整的选项图标，即可在底部显示相应的调节选项，例如点击"亮度"选项，显示"亮度"调节选项，拖动滑块调整视频的亮度，如图 5-239 所示。

还可以继续点击其他调节选项，对其他的选项进行相应的设置，如图 5-240 所示。

完成调节选项的添加和设置后，点击"对号"图标，返回视频剪辑界面，在时间轴中自动添加调节轨道，如图 5-241 所示。与添加滤镜相同，在时间轴区域拖动调节白色边框的左右两端，可以调整该调节效果的应用范围，如图 5-242 所示。

图 5-238　显示调节选项

图 5-239　添加"亮度"调节

图 5-240　设置其他调节选项

图 5-241　自动添加调节轨道

同样可以为创作的短视频同时添加多个调节轨道，选中调节轨道之后，点击工具栏中的"调节"图标，可以显示调节选项，可以对所添加的调节效果进行修改；点击工具栏中的"删除"图标，可以删除所选择的调节轨道。

在"剪映"App 中还内置了美颜功能，打开"剪映"App，点击"开始创作"图标，添加相应的素材，点击底部工具栏中的"剪辑"图标，在"剪辑"二级工具栏中点击"美颜美体"图标，在显示的工具栏中提供了"美颜"和"美体"两种功能可供选择，如图 5-243 所示。

点击"美颜"图标，在界面底部显示相应的美颜选项，如图 5-244 所示。例如选择"美颜"选项卡中的"磨皮"选项，可以通过拖动滑块对人物进行磨皮处理，可以看到人物皮肤变得更光滑，斑点也明显减少，效果如图 5-245 所示；选择"美妆"选项区中的"腮红大法"选项，可以通过拖动滑块为人物添加美妆效果，如图 5-246 所示。

图 5-242　调整调节范围

图 5-243　显示可选择功能

图 5-244　美颜选项

图 5-245　"磨皮"选项

图 5-246　"腮红大法"选项

5.3.8 制作咖啡产品宣传短视频

在本节所制作的旅行短视频制作中,将使用"剪映"App 中为视频素材添加一段舒缓的背景音乐,并且在不同场景之间添加动画,通过用"画中画"与"混合模式"功能,为短视频制作一个具有震撼力的镂空文字开场效果。

制作咖啡产品宣传短视频

最终效果:资源 \ 第 5 章 \5-3-8.mp4   视频:视频 \ 第 5 章 \ 制作咖啡产品宣传短视频 .mp4

步骤 01 打开"剪映"App,在创作区域中点击"开始创作"按钮,如图 5-247 所示。进入选择素材界面,选择需要剪辑的旅行视频素材,如图 5-248 所示。点击界面右下角的"添加"按钮,按选择顺序将视频素材添加到时间轴中,如图 5-249 所示。

图 5-247 点击"开始创作"图标   图 5-248 选择多段视频素材   图 5-249 将素材添加到时间轴

步骤 02 点击选择时间轴中的第 1 段视频素材,点击界面底部工具栏中的"变速"图标,显示"变速"二级工具栏,如图 5-250 所示。点击"常规变速"图标,在界面底部显示常规变速的相关功能,调整速度为原视频素材的 2 倍,如图 5-251 所示。点击"对号"图标,为第 1 段素材进行变速处理。

步骤 03 选择时间轴中的第 2 段视频素材,拖动其白色边框左侧的图标,对第 2 段视频素材进行适当裁剪,如图 5-252 所示。点击界面底部工具栏中的"变速"图标,再点击"曲线变速"图标,在界面底部显示曲线变速的相关功能,点击"蒙太奇"图标,如图 5-253 所示。点击"对号"图标,为第 2 段素材应用"蒙太奇"曲线变速效果。

图 5-250 "变速"二级工具栏   图 5-251 调整视频素材的速度   图 5-252 对第 2 段素材进行裁剪

步骤 04 选择时间轴中的第 3 段视频素材，点击界面底部工具栏中的"变速"图标，再点击"曲线变速"图标，如图 5-254 所示。在界面底部显示曲线变速的相关功能，点击"闪出"图标，如图 5-255 所示。点击"对号"图标，确认对该视频素材的变速处理。

  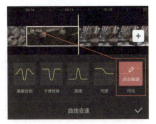

图 5-253　应用"蒙太奇"曲线变速　　图 5-254　点击"曲线变速"图标　　图 5-255　应用"闪出"曲线变速

步骤 05 使用相同的方法，分别对时间轴视频轨道中的其他视频素材进行裁剪处理和变速处理，如图 5-256 所示。

图 5-256　对其他素材分别进行变速处理

步骤 06 选择时间轴中的第 1 段素材，点击底部工具栏中的"动画"图标，在界面底部显示入场动画的相关选项，点击"渐显"图标，并设置其持续时间为 1 秒，如图 5-257 所示。切换到出场动画中，点击"渐隐"图标，并设置其持续时间为 1 秒，如图 5-258 所示。点击界面右下角"对号"图标，为选择的素材应用入场和出场动画效果。

步骤 07 选择时间轴中第 2 段素材，点击底部工具栏中的"动画"图标，切换到"组合动画"选项中，显示内置的组合动画选项，如图 5-259 所示。点击"旋转缩小"图标，为选择的素材应用该组合动画，如图 5-260 所示。点击界面右下角"对号"图标，应用动画效果。

图 5-257　应用"渐显"入场动画　　图 5-258　应用"渐隐"出场动画　　图 5-259　显示组合动画选项

步骤 08 使用相同的制作方法，分别为时间轴中的第 3 段至第 6 段素材应用"缩放"组合动画，如图 5-261 所示。选择时间轴中的第 7 段素材，点击底部工具栏中的"动画"图标，切换到"出场动画"选项卡中，点击"渐隐"图标，并设置其持续时间为 1 秒，如图 5-262 所示。点击界面右下角的"对号"图标，应用"渐隐"出场动画。

小贴士：组合动画是指既包含入场动画也包含出场动画，例如，这里应用的"缩放"组合动画包含"缩小"入场动画，又包含"放大"出场动画。

图 5-260　应用"旋转缩小"组合动画　　图 5-261　应用"缩放"组合动画　　图 5-262　应用"渐隐"出场动画

步骤 09　点击时间轴的空白位置，取消所有对象的选择，将时间指示器移至起始位置，点击底部工具栏中的"音频"图标，显示"音频"二级工具栏，如图 5-263 所示。点击"音频"二级工具栏中的"音乐"图标，显示"添加音乐"界面，如图 5-264 所示。在界面中点击选择相应的分类，也可以直接在搜索文本框中输入歌曲名称进行搜索，点击音乐名称可以试听音乐，如图 5-265 所示。

图 5-263　"音频"二级工具栏　　图 5-264　"音乐"界面

步骤 10　选择合适的音乐，点击"使用"按钮，将所选择的音乐添加到时间轴中，如图 5-266 所示。点击选择添加到时间轴中的音乐，拖动其白色边框右侧的图标，对音乐进行裁剪操作，如图 5-267 所示。点击底部工具栏中的"淡化"图标，设置"淡出时长"为 3 秒，如图 5-268 所示。点击右下角"对号"图标，完成音乐淡出效果的设置。

图 5-265　点击试听音乐　　图 5-266　将音乐添加到时间轴　　图 5-267　对音乐进行裁剪　　图 5-268　设置"淡出时长"选项

步骤 11　完成相关素材的基本剪辑操作。点击视频剪辑界面左上角的"关闭"图标，退出短视频编辑状态，返回"剪映"App 初始界面，软件会自动将剪辑的内容存入"本地草稿",如图 5-269 所示。点击"开始创作"按钮,进入素材选择界面,切换到"素材库"选项卡中,选择黑幕素材,如图 5-270 所示。点击"添加"按钮,将所选择的黑幕素材添加到时间轴中,如图 5-271 所示。

步骤 12 点击界面底部的"文字"图标,显示"文字"二级工具栏,点击"新建文本"图标,输入旅行短视频的标题文字,如图 5-272 所示。在界面下方为所输入的文字选择一种合适的字体,在预览区域中将标题文字适当放大,如图 5-273 所示。点击"对号"图标,完成文字的设置,软件会自动在时间轴中添加文字轨道,如图 5-274 所示。

图 5-269　自动存入草稿

图 5-270　选择黑幕素材

图 5-271　将素材添加到时间轴

图 5-272　输入标题文字

步骤 13 点击界面右上角的分辨率下拉按钮,在弹出的界面设置要导出的视频的"分辨率"和"帧率",如图 5-275 所示。点击界面右上角的"导出"按钮,将制作的旅行短视频的标题导出为一个视频文件,导出完成界面如图 5-276 所示。点击"完成"按钮,返回"剪映"App 的初始界面,在"本地草稿"区域可以看到刚导出的标题文字视频,如图 5-277 所示。

图 5-273　选择字体

图 5-274　自动添加文字轨道

图 5-275　设置导出选项

图 5-276　导出完成界面

步骤 14 在"本地草稿"区域点击之前所制作的旅行短视频,进入视频的编辑界面,如图 5-278 所示。点击界面底部工具栏中的"画中画"图标,显示二级工具栏,点击"新增画中画"图标,在素材选择界面选择制作好的标题文字素材,如图 5-279 所示,点击"添加"按钮,进入视频剪辑界面,将所选择的标题文字素材添加到视频轨道的下方,如图5-280所示。

图 5-277　自动存入草稿　　图 5-278　进入视频　　图 5-279　选择标题　　图 5-280　添加标题
　　　　　　　　　　　　　　　　　编辑界面　　　　　　　　文字素材　　　　　　　文字素材

步骤 15　在预览区域中通过两指分开操作,将标题文字素材放大,如图 5-281 所示。点击选择时间轴中的标题文字素材,点击界面底部工具栏中的"混合模式"图标,如图 5-282 所示。选择"正片叠底"混合模式,设置"不透明度"为 80,在预览区域中可以看到该模式的效果,如图 5-283 所示。点击"对号"图标,应用"正片叠底"混合模式。

步骤 16　选择时间轴中的标题文字素材,点击底部工具栏中的"蒙版"图标,如图 5-284 所示。选择"线性"蒙版,如图 5-285 所示。在预览区域中通过两指旋转操作,可以调整线性蒙版的角度,如图 5-286 所示。

图 5-281　放大标题　　图 5-282　点击"混合　　图 5-283　应用"正片　　图 5-284　点击"蒙版"
　　　　　文字　　　　　　　　　　模式"图标　　　　　　　　叠底"模式　　　　　　　　图标

步骤 17　点击界面右下角的"对号"图标,确认蒙版的添加。选择时间轴中的标题文字素材,点击界面底部工具栏中的"复制"图标,对该标题文字素材进行复制,如图 5-287 所示。在时间轴中将复制的标题文字素材拖至原标题文字素材的下方,并将两层的标题文字素材对齐,如图 5-288 所示。

步骤 18　选择下方轨道中的标题文字素材,点击界面底部工具栏中的"蒙版"图标,在预览区域中通过两指旋转操作,调整该标题文字素材的线性蒙版的角度,以表现出完整的镂空文字,如图 5-289 所示。

  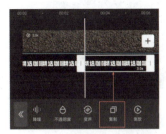

图 5-285　应用"线性"蒙版　　图 5-286　调整蒙版角度　　图 5-287　复制标题文字素材

步骤 19　选择上方轨道中的标题文字素材，点击界面底部工具栏中的"动画"图标，选择"向左滑动"出场动画，并设置其持续时间为 1 秒，如图 5-290 所示，点击"对号"图标，应用该出场动画效果。选择下方轨道中的标题文字素材，点击界面底部工具栏中的"动画"图标，选择"向右滑动"出场动画，并设置其持续时间为 1 秒，如图 5-291 所示，点击"对号"图标，应用该出场动画效果。

图 5-288　对齐两层标题文字　　图 5-289　调整蒙版的角度　　图 5-290　应用"向左滑动"出场动画

步骤 20　取消时间轴中素材的选中状态，点击界面底部工具栏中的返回图标，界面如图 5-292 所示。点击"设置封面"选项，进入封面设置界面，滑动时间轴选择其中一帧画面作为该短视频的封面，如图 5-293 所示。点击"封面模板"按钮，在界面底部选择封面模板，点击选择合适的模板，如图 5-294 所示。

步骤 21　在视频封面预览区域中按住并拖动文字，调整文字在封面中的位置，如图 5-295 所示。点击"对号"图标，应用封面模板，点击封面中相应的文字，对文字进行修改，如图 5-296 所示。点击"保存"按钮，完成短视频封面的设置。点击"设置封面"左侧的喇叭图标，将视频轨道中所有视频素材的原声关闭，如图 5-297 所示。

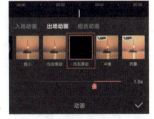

图 5-291　应用"向右滑动"出场动画

步骤 22　点击界面右上角的分辨率下拉按钮，在弹出的界面中设置要导出的视频的"分辨率"和"帧率"，如图 5-298 所示。点击界面右上角的"导出"按钮，将制作完成的旅行短视频导出，视频导出界面如图 5-299 所示。视频导出完成后，会出现导出完成界面，在其中可以选择将该短视频分享到"抖音"和"西瓜"视频平台，如图 5-300 所示。

图 5-292　视频剪辑界面

图 5-293　选择短视频封面图片

图 5-294　选择封面模板

图 5-295　移动封面文字位置

图 5-296　修改封面文字

图 5-297　关闭视频素材原声

图 5-298　设置"分辨率"和"帧率"

图 5-299　视频导出界面

图 5-300　导出完成界面

步骤 23　完成咖啡产品宣传短视频的制作，其预览效果如图 5-301 所示。

图 5-301　预览短视频效果

5.4　本章小结

短视频的创作重点在于创意，视频剪辑软件的功能是死的，而创意是无限的，拥有良好的创意才能够制作出出色的短视频作品。完成本章内容的学习，读者需要能够掌握使用"剪映"App 对短视频进行后期剪辑处理的方法和技巧，通过不断的练习，逐步提高自己的短视频后期剪辑制作水平。

第 6 章
使用 Premiere 制作短视频

Premiere 是 Adobe 公司推出的一款基于 PC 平台的视频后期编辑处理软件，广泛应用于短视频编辑、电视节目制作和影视后期处理等方面。使用 Premiere 软件可以精确控制视频作品的每个帧，视频画面编辑质量优良，具有良好的兼容性，是目前视频后期处理中使用广泛的软件之一。

本章将向读者介绍 Premiere 软件的基本操作方法以及各部分重要的功能，重点在于使读者能够掌握使用 Premiere 对短视频进行后期编辑处理以及特效的制作。

6.1 Premiere 基础操作

在使用 Premiere 进行视频剪辑处理之前，首先需要认识 Premiere 的工作界面以及软件的基本操作，以便于更顺利地学习和使用该软件。

6.1.1 Premiere 工作界面

完成 Adobe Premiere Pro 软件的安装，双击启动图标，即可启动 Premiere Pro，启动界面如图 6-1 所示。完成 Premiere Pro 的启动之后，在界面中显示"开始"窗口，在该窗口中为用户提供了项目的基本操作按钮，如图 6-2 所示，包括"新建项目""打开项目"等，单击相应的按钮，可以快速进行相应的项目操作。

图 6-1　启动界面

图 6-2　"开始"窗口

Premiere 采用了面板式的操作环境，整个工作界面由多个活动面板组成，视频的后期编辑处理就是在各种面板中进行的。Premiere 的工作界面主要是由菜单栏、工作界面布局、"源"监视器窗口、"节目"监视器窗口、"项目"面板、"工具"面板和"音频仪表"面板等组成，如图 6-3 所示。

第 6 章 使用 Premiere 制作短视频

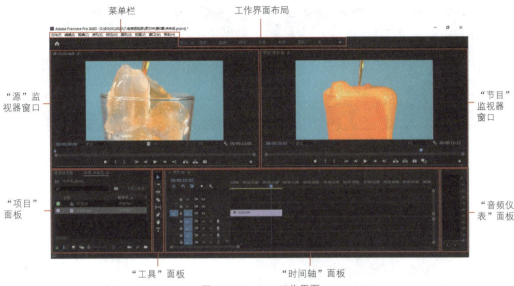

图 6-3 Premiere 工作界面

1. 菜单栏

Premiere 的主菜单栏中包含 9 个主菜单选项，分别是文件、编辑、剪辑、序列、标记、图形、视图、窗口和帮助，如图 6-4 所示。只有当选中可操作的相关素材元素之后，菜单中的相关命令才能被激活，否则是灰色不可用的状态。

图 6-4 Premiere 的菜单栏

2. 工作界面布局

Premiere 为用户提供了 9 种工作界面布局方式，包括"学习""组件""编辑""颜色""效果""音频""图形""库"和 Editing，默认的工作界面布局方式为"编辑"，如图 6-5 所示。单击相应的名称，即可将工作界面切换到相应的布局方式。

图 6-5 工作界面布局方式

3. 监视器窗口

Premiere 中包含两个监视器窗口，分别是"源"监视器窗口和"节目"监视器窗口。"节目"监视器窗口主要用来显示视频剪辑处理后的最终效果，如图 6-6 所示。"源"监视器窗口主要用来预览和修剪素材的，如图 6-7 所示。

4."项目"面板

"项目"面板用于对素材进行导入和管理，如图 6-8 所示。在该面板中可以显示素材的属性信息，包括素材缩略图、类型、名称、颜色标签、出入点等操作，也可以为素材执行新建、分类、重命名等操作。

5."工具"面板

在"工具"面板中提供了多种可以对素材进行添加、分割、增加或删除关键帧等操作的工具，如图 6-9 所示。

图6-6 "节目"监视器窗口　　　　　图6-7 "源"监视器窗口

图6-8 "项目"面板　　　　　图6-9 "工具"面板

6. "时间轴"面板

"时间轴"面板是Premiere的核心部分,如图6-10所示。在该面板中,用户可以按照时间顺序排列和连接各种素材,实现对素材的剪辑、插入、复制、粘贴等操作,也可以叠加图层、设置动画的关键帧以及合成效果等。

7. "音频仪表"面板

在"音频仪表"面板中可以对"时间轴"面板中音频轨道中的音频素材进行相应的设置,例如音频的高低、左右声道等。

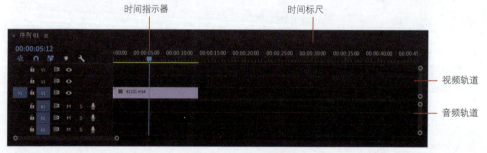

图6-10 "时间轴"面板

6.1.2 创建项目和序列

项目是一种单独的Premiere文件,包含了序列以及组成序列的素材,如视频、图片、音频、字幕等。项目文件还存储着一些图像采集设置、切换和音频混合、编辑结果等信息。在Premiere中,所有的编辑任务都是通过项目的形式存在和呈现的。

Premiere的一个项目文件是由一个或多个序列组成的,最终输出的影片包含了项目中的序列。序列对项目极其重要,因此熟练掌握序列的操作至关重要。下面介绍如何在Premiere中创建项目文件和序列。

1. 创建项目文件

启动 Premiere 软件，可以在"开始"窗口中单击"新建项目"按钮，也可以执行"文件 > 新建 > 项目"命令，弹出"新建项目"对话框，如图 6-11 所示。在"名称"选项后的文本框中输入项目名称，单击"位置"选项后的"浏览"按钮，选择项目文件的保存位置，其他选项可以采用默认设置，如图 6-12 所示。

单击"确定"按钮，即可创建一个新的项目文件，在项目文件的保存位置可以看到自动创建的 Premiere 项目文件，如图 6-13 所示。

图 6-11　"新建项目"对话框　　图 6-12　设置项目名称和保存位置　　图 6-13　创建的项目文件

> **小贴士**：打开项目文件可以执行"文件 > 打开"命令，或者执行"文件 > 打开最近使用的内容"命令。在"打开最近使用的内容"命令的二级菜单中，会显示用户最近一段时间编辑过的项目文件。

2. 创建序列

完成项目文件的创建之后，接下来需要在该项目文件中创建序列。执行"文件 > 新建 > 序列"命令，或者单击"项目"面板上的"新建项"图标，在弹出菜单中选择"序列"命令，如图 6-14 所示。弹出"新建序列"对话框，如图 6-15 所示。

图 6-14　执行"序列"命令　　　　　图 6-15　"新建序列"对话框

在"新建序列"对话框中，默认显示的是"序列预设"选项卡，在该选项卡中罗列了诸多预设方案，单击选择某一方案后，在对话框右侧的列表框中可以查看相对应的方案描述及详细参数。

选择"设置"选项卡,可以在预设方案的基础上,进一步修改相关设置和参数,如图 6-16 所示。单击"确定"按钮,完成"新建序列"对话框的设置,在"项目"面板中可以看到所创建的序列,如图 6-17 所示。

图 6-16 "设置"选项卡

图 6-17 "项目"面板

6.1.3 导入素材

在 Premiere 中进行视频编辑处理时,首先需要将视频、图片、音频等素材导入到"项目"面板中,然后再进行编辑处理。

如果需要将素材导入到 Premiere 中,可以执行"文件>导入"命令,或者在"项目"面板的空白位置双击,弹出"导入"对话框,选择需要导入的素材文件,如图 6-18 所示。单击"打开"按钮,即可将所选择的素材文件导入到"项目"面板中。

双击"项目"面板中的素材,可以在"源"监视器窗口中查看该素材的效果,如图 6-19 所示。

图 6-18 "导入"对话框

图 6-19 导入素材并在"源"监视器窗口中查看

小贴士：在"导入"对话框中可以同时选中多个需要导入的素材，将选中的多个素材同时导入到"项目"面板中，也可以单击"导入"对话框中的"导入文件夹"按钮，实现整个文件夹素材的导入。

6.1.4 保存与输出操作

在 Premiere 中完成项目文件的编辑操作之后，需要将其进行保存。

执行"文件>保存"命令，或按快捷键【Ctrl+S】，可以对项目文件进行覆盖保存。

执行"文件>另存为"命令，弹出"保存项目"对话框，可以通过设置新的存储路径和项目文件名称进行保存。

执行"文件>保存副本"命令，弹出"保存项目"对话框，可以将项目文件以副本的形式进行保存。

完成项目文件的编辑处理之后，还需要将项目文件导出为视频，当然在 Premiere 中还可以将项目文件导出为其他文件形式。

执行"文件>导出>媒体"命令，弹出"导出设置"对话框，如图 6-20 所示。在该对话框的右侧可以设置导出媒体的格式、文件名称、输出位置、模式预设、效果、视频、音频、字幕、发布等信息。

设置完毕后，单击"导出"按钮，即可将制作好的项目文件导出为视频文件。

完成项目文件的编辑制作后，执行"文件>关闭项目"命令，可以关闭当前所制作的项目文件。

图 6-20 "导出设置"对话框

6.2 掌握 Premiere 中的素材剪辑操作

Premiere 是一款非线性编辑软件，非线性编辑软件的主要功能就是对素材进行剪辑操作，通过各种剪辑技术对素材进行分割、拼接和重组，最终形成完整的作品。

6.2.1 监视器窗口

监视器窗口包括"源"监视器窗口和"节目"监视器窗口，这两个窗口是视频后期剪辑处理的主要"阵地"，为了提高工作效率，本节对这两个监视器窗口进行简单介绍。

双击"项目"面板中需要编辑的视频素材，可以在"源"监视器窗口中显示该素材，如图 6-21 所示。

"源"监视器窗口底部的功能操作按钮从左至右依次是"添加标记"■、"标记入点"■、"标记出点"■、"转到入点"■、"后退一帧"■、"播放-停止切换"■、"前进一帧"■、"转到出点"■、"插入"■、"覆盖"■和"导出帧"■。

"节目"监视器窗口与"源"监视器窗口非常相似，如图 6-22 所示。序列上没有素材时，在"节目"监视器窗口中显示黑色，只有序列上放置了素材，在该窗口中才会显示素材的内容，这个内容就是最终导出的节目内容。

图 6-21 "源"监视器窗口

"节目"监视器窗口底部的功能操作按钮与"源"监视器窗口基本相同,但有3个例外,它们就是"提升"、"提取"和"比较视图"。

图 6-22 "节目"监视器窗口

"节目"监视器窗口的"提升"是指在"节目"监视器窗口中选取的素材片段在"时间轴"面板中的轨道上被删除,原位置内容空缺,等待新内容的填充,如图 6-23 所示。

"节目"监视器窗口的"提取"是指在"节目"监视器窗口中选取的素材片段在"时间轴"面板中的轨道上被删除,后面的素材前移及时填补空缺,如图 6-24 所示。

图 6-23 单击"提升"按钮的效果

图 6-24 单击"提取"按钮的效果

"节目"监视器窗口的"比较视图"是指在"节目"监视器窗口中将当前位置的画面与"源"监视器窗口素材的原始画面进行对比。

"源"监视器窗口中的"插入"是指在"时间轴"面板中的当前时间位置之后插入选取的素材片段,当前时间位置之后的源素材自动向后移动,节目总时间变长。

"源"监视器窗口中的"覆盖"是指在"时间轴"面板中的当前时间位置使用选取的素材片段替换原有素材。如果选取的素材片段时长没有超过当前时间位置之后的原素材的时长,节目总时长不变;反之节目总时长为当前时长加上选取的素材片段超出的时长。

通过以上对比可以了解到,"源"监视器窗口是对"项目"面板中的素材进行剪辑的,并将剪辑得到的素材插入到"时间轴"面板中;而"节目"监视器窗口是对"时间轴"面板中的素材直接进行剪辑的。"时间轴"面板中的内容通过"节目"监视器窗口显示出来,也是最终导出的视频内容。

6.2.2 素材剪辑操作

单击"源"监视器窗口底部的"播放"按钮▶，可以观看视频素材。拖动时间指示器至需要的起始位置，单击"标记入点"按钮￼，如图 6-25 所示，即可完成素材入点的设置。拖动时间指示器至需要的结束位置，单击"标记出点"按钮￼，如图 6-26 所示，即可完成素材出点的设置。

图 6-25　设置视频素材入点位置

图 6-26　设置视频素材出点位置

> **小贴士**：使用鼠标拖动时间指示器时，不能拖动得很精确，可以借助"前进一帧"按钮▶或"后退一帧"按钮◀，进行精确的调整。

单击"源"监视器窗口底部的"插入"按钮￼，即可将入点与出点之间的视频素材插入到"时间轴"面板中的 V1 轨道中，如图 6-27 所示。在"源"监视器窗口中拖动时间指示器至需要的起始位置，单击"标记入点"按钮￼，如图 6-28 所示。

图 6-27　插入截取的视频素材

图 6-28　设置视频素材入点位置

拖动时间指示器至需要结束的位置，单击"标记出点"按钮￼，如图 6-29 所示，完成视频素材中需要部分的截取。在"时间轴"面板中确认时间指示器位于第 1 段视频素材结束位置，单击"源"监视器窗口底部的"插入"按钮￼，即可将入点与出点之间的视频素材插入到"时间轴"面板中的 V1 轨道中，如图 6-30 所示，完成第 2 段视频素材的插入。

图 6-29　设置视频素材出点位置

图 6-30　插入截取的第 2 段视频素材

> **小贴士**：在"源"监视器窗口中设置素材的入点和出点，在"时间轴"面板中确定需要插入素材的位置，然后单击"源"监视器窗口中的"插入"按钮，将选取的素材插入到时间轴中，这种方法通常称为"三点编辑"。

6.2.3 视频剪辑工具

默认情况下，"工具"面板位于"项目"与"时间轴"面板之间，用户可以根据自己的习惯调整"工具"面板的位置。在"工具"面板中包含了多个可用于视频编辑操作的工具，分别介绍如下。

"选择工具"▶：使用该工具可以选择素材，将选择的素材拖曳至其他轨道等操作。

"向前选择轨道工具"▶：当"时间轴"面板中的某一条轨道中包含多个素材时，单击该按钮，可以选中当前所选择素材右侧的所有素材片段。

"向后选择轨道工具"◀：当"时间轴"面板中的某一条轨道中包含多个素材时，单击该按钮，可以选中当前所选择素材左侧的所有素材片段。

"波纹编辑工具"◆：使用该工具，将光标指针移至单个视频素材的开始或结束位置时，可以拖动调整选中的视频长度，前方或后方的素材片段在编辑后会自动吸附（注：修改的范围不能超出原视频的范围）。

"滚动编辑工具"▦：使用该工具，可以在不影响轨道总长度的情况下，调整其中某个视频的长度（缩短其中一个视频的长度，其他视频变长；拖长其中一个视频的长度，其他视频变短）。需要注意的是，使用该工具时，视频必须已经修改过长度，有足够剩余的时间来进行调整。

"比率拉伸工具"◆：使用该工具，可以将原有的视频素材拉长，视频播放就变成了慢动作。将视频长度变短，视频效果就类似于快进播放的效果。

"剃刀工具"◆：使用该工具，在素材上合适的位置单击，可以在单击的位置分割素材。

"外滑工具"◆：对已经调整过长度的视频，在不改变视频长度的情况下，使用该工具在视频上进行拖动，可以变换视频区间。

"内滑工具"◆：使用该工具在视频素材上拖动，选中的视频长度不变，变换剩余的视频长度。

"钢笔工具"◆：使用该工具，可以在"节目"监视器窗口绘制出自由形状图形，在该工具中还包含两个隐藏工具"矩形工具"和"椭圆工具"，分别用于绘制矩形和椭圆形。

"手形工具"✋：使用该工具，可以在"时间轴"面板和监视器窗口中进行拖曳预览。

"缩放工具"◆：使用该工具，在"时间轴"面板中单击可以放大时间轴，按住 Alt 键单击可以缩小时间轴。

"文字工具"T：使用该工具，在"节目"监视器窗口单击可以输入文字。在该工具中还包含"垂直文字工具"，可以输入竖排文字。

6.2.4 修改视频素材播放速率

执行"剪辑>速度/持续时间"命令，可以在弹出的对话框中设置视频剪辑播放的时长或比率，而使用"比率伸缩工具"比它更直观、更简便。使用"比率伸缩工具"将原有的视频长度拉长，视频播放速度就会变慢，实现慢动作效果；把视频长度压缩变短，视频播放速度就会变快，实现快速播放效果。

例如，将"项目"面板中的视频素材拖入到"时间轴"面板中的视频轨，该视频素材的总时长为 13 秒 29 帧，如图 6-31 所示。使用"比率伸缩工具"◆，将鼠标指针移至视频素材结束位置，按住鼠标左键向左拖动鼠标，如图 6-32 所示。

图 6-31 将视频素材拖入视频轨

图 6-32 使用"比率伸缩工具"进行拖动调整

将视频素材时长压缩至 8 秒,释放鼠标左键,完成视频素材的调整,如图 6-33 所示。在"节目"监视器窗口中单击"播放"按钮,预览视频效果,可以发现视频的播放速度明显加快,如图 6-34 所示。

图 6-33 完成视频素材的调整

图 6-34 预览视频效果

使用"比率伸缩工具" ,将鼠标指针移至视频素材结束位置,按住鼠标左键向右拖动鼠标,将视频素材时长延长至 29s,释放鼠标左键,如图 6-35 所示。在"节目"监视器窗口中单击"播放"按钮,预览视频效果,可以发现视频的播放速度明显变慢。

图 6-35 使用"比率伸缩工具"进行拖动调整

使用"选择工具",选择视频轨中的视频素材,执行"剪辑>速度/持续时间"命令,弹出"剪辑速度/持续时间"对话框,如图 6-36 所示。在该对话框中可以精确地设置视频素材播放速度的百分比和持续时间,从而实现快放和慢放的效果。在"剪辑速度/持续时间"对话框中还可以设置视频素材的倒放速度,只需要勾选"倒放速度"复选框即可。

除了以上方法外,还可以使用效果控件里的"时间重映射"功能来改变视频的播放速度,实现快慢镜头的效果。

图 6-36 "剪辑速度/持续时间"对话框

6.2.5 创建其他常用视频元素

在 Premiere 中设置了许多在视频剪辑过程中经常会用到的视频元素,包括黑场视频、彩条视频、颜色遮罩、通用倒计时片头等,只需要通过简单的设置即可创建,非常方便。

1. 黑场视频

黑场视频可以加在片头或两个素材之间,目的是预留编辑位置,片头制作完成后替换掉黑场视频或增加转场效果时,不至于太突然。

执行"文件 > 新建 > 黑场视频"命令，或者单击"项目"面板右下角的"新建项"图标，在弹出菜单中执行"黑场视频"命令，如图6-37所示。弹出"新建黑场视频"对话框，对相关参数进行设置，一般默认为当前序列的各个参数设置，如图6-38所示。

图6-37　执行"黑场视频"命令

图6-38　"新建黑场视频"对话框

单击"确定"按钮，即可创建一个黑场视频并出现在"项目"面板中，可以将所创建的黑场视频拖入到时间轴的视频轨中，后面接其他视频素材，或者放置在两个视频剪辑之间，实现镜头的过渡。

2. 彩条视频

彩条视频一般添加在片头，用来测试显示设备的颜色、色度、亮度、声音等是否符合标准。Premiere中包含彩条和HD彩条两种，其中，HD彩条是高清格式的，用户可以根据需要自行选择使用。

执行"文件 > 新建 > HD彩条"命令，或者单击"项目"面板右下角的"新建项"图标，在弹出菜单中执行"HD彩条"命令，如图6-39所示。弹出"新建HD彩条"对话框，对相关参数进行设置，一般默认为当前序列的各个参数设置，如图6-40所示。

图6-39　执行"HD彩条"命令

图6-40　"新建HD彩条"对话框

单击"确定"按钮，即可创建一个HD彩条并出现在"项目"面板中，如图6-41所示。可以将所创建的HD彩条拖入到时间轴的视频轨中，后面接其他视频素材。在"节目"监视器窗口中可以看到HD彩条的效果，如图6-42所示。

图6-41　"项目"面板

图6-42　预览HD彩条效果

3. 颜色遮罩

颜色遮罩主要是用来制作影片背景的，结合视频特效可以制作出漂亮的背景图案。

执行"文件>新建>颜色遮罩"命令，或者单击"项目"面板右下角的"新建项"图标，在弹出菜单中执行"颜色遮罩"命令，如图6-43所示。弹出"新建颜色遮罩"对话框，对相关参数进行设置，一般默认为当前序列的各个参数设置，如图6-44所示。

 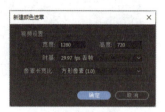

图6-43 执行"颜色遮罩"命令　　　　图6-44 "新建颜色遮罩"对话框

单击"确定"按钮，弹出"拾色器"对话框，选择一种颜色，如图6-45所示。单击"确定"按钮，弹出"选择名称"对话框，设置一个颜色遮罩名称，如图6-46所示。单击"确定"按钮，即可创建一个颜色遮罩素材并出现在"项目"面板中，如图6-47所示。可以将所创建的颜色遮罩素材拖入到时间轴的视频轨中使用。

图6-45 "拾色器"对话框　　图6-46 "选择名称"对话框　　图6-47 "项目"面板

4. 通用倒计时片头

执行"文件>新建>通用倒计时片头"命令，或者单击"项目"面板右下角的"新建项"图标，在弹出菜单中执行"通用倒计时片头"命令，如图6-48所示。弹出"新建通用倒计时片头"对话框，根据所导入的视频素材对相关选项进行设置，如图6-49所示。

图6-48 执行"通用倒计时片头"命令　　　图6-49 "新建通用倒计时片头"对话框

单击"确定"按钮，弹出"通用倒计时设置"对话框，可以对倒计时片头的相关背景颜色、文字颜色和提示音选项进行设置，如图6-50所示。单击"确定"按钮，完成通用倒计时片头的创建，如图 6-51 所示。

图 6-50 "通用倒计时设置"对话框

图 6-51 "项目"面板

可以将所创建的通用倒计时片头素材拖入到时间轴的视频轨中，如图 6-52 所示，后面接其他视频素材。在"节目"监视器窗口中可以看到通用倒计时片头素材的效果，如图 6-53 所示。

图 6-52 将通用倒计时片头素材拖入视频轨中

图 6-53 预览通用倒计时片头素材效果

> **小贴士**：在 Premiere 中除了可以创建黑场视频、彩条视频、颜色遮罩等元素之外，还可以创建调整图层、透明视频、字幕、脱机文件头等元素，创建方法与前面介绍的方法相似。

6.3 掌握效果设置

Premiere 拥有强大的运动效果生成功能，通过简单的设置，使静态的素材画面产生运动效果。

6.3.1 "效果控件"面板

将素材拖入到"时间轴"面板中的视频轨道后，选中素材，切换到"效果控件"面板，视频效果可以分为"运动""不透明度"和"时间重映射"3 个效果，展开效果，可以看到每个效果的设置选项，如图 6-54 所示。

1. "运动"效果

位置：可以设置素材对象在屏幕中的坐标位置。

缩放：可以设置素材对象等比例缩放程度，如果

图 6-54 "效果控件"面板

取消"等比缩放"复选框的勾选，该选项用于单独调整素材对象高度的缩放，宽度不变。

缩放宽度：默认为不可用状态，取消"等比缩放"复选框的勾选，可以通过该选项调整素材对象宽度的缩放。

等比缩放：默认为选中状态，素材对象按照等比进行缩放。

旋转：可以设置素材对象在屏幕中的旋转角度。

锚点：可以设置对象的移动、缩放和旋转的锚点位置。

防闪烁滤镜：消除视频素材中的闪烁现象。

2. "不透明度"效果

创建蒙版工具：创建椭圆形、矩形和绘制不规则形状蒙版效果。

不透明度：设置素材对象的半透明效果。

混合模式：设置各素材之间的混合效果。

3. "时间重映射"效果

速度：可以对素材的播放进行变速处理。

> 小贴士：如果在"时间轴"面板中所选择的素材是一个包含音频的视频素材，那么在"效果控件"面板中还会显示"音频效果"选项，用于对音频效果进行设置。

6.3.2　制作分屏显示效果

认识了 Premiere 软件的工作界面，并且学习了 Premiere 的基本操作，接下来通过一个简单的分屏显示视频效果的制作，使读者能够更加熟悉在 Premiere 软件中进行视频后期编辑处理的基本操作流程。

制作分屏显示视频效果

源文件：资源 \ 第 6 章 \6-3-2.prproj　　　视频：视频 \ 第 6 章 \ 制作分屏显示视频效果 .mp4

步骤 01　执行"文件 > 新建 > 项目"命令，弹出"新建项目"对话框，设置项目文件的名称和位置，如图 6-55 所示。单击"确定"按钮，新建项目文件。执行"文件 > 新建 > 序列"命令，弹出"新建序列"对话框，在预设列表中选择"AVCHD"选项中的"AVCHD 720p24"选项，如图 6-56 所示。单击"确定"按钮，新建序列。

图 6-55　"新建项目"对话框

图 6-56　"新建序列"对话框

步骤 02 切换到"轨道"选项卡中,将"音频 2"至"音频 6"轨道删除,只保留"音频 1"轨道,如图 6-57 所示。单击"确定"按钮,新建序列。双击"项目"面板的空白位置,弹出"导入"对话框,同时选中需要导入的多个不同类型的素材文件,如图 6-58 所示。

图 6-57 设置"轨道"选项卡

图 6-58 选择需要导入的多个素材文件

步骤 03 单击"打开"按钮,将选中的多个素材导入到"项目"面板中,如图 6-59 所示。在"项目"面板中将 63201.mp4 拖曳到"时间轴"面板中的 V1 轨道上,如图 6-60 所示。

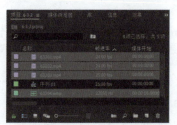

图 6-59 "项目"面板

图 6-60 将视频素材拖入 V1 轨道

> **小贴士**:如果向 Premiere 中导入的是 .mov 格式的视频素材,需要系统中安装 QuickTime,否则将无法导入 .mov 格式的视频素材。

步骤 04 分别将 63202.mp4 和 63203.mp4 拖曳到"时间轴"面板中的 V2 和 V3 轨道上,如图 6-61 所示。分别对 V2 和 V3 轨道中的视频素材的时长进行调整,使 3 段视频素材的时长相同,如图 6-62 所示。

图 6-61 拖入其他素材分别放置到 V2 和 V3 轨道

图 6-62 调整视频素材时长

步骤 05 选择 V3 轨道中的视频素材,在"效果控件"面板中设置其"缩放"属性值为 90%,并拖动"位置"属性值,如图 6-63 所示,调整 V3 轨道中视频素材到视频窗口左下角的位置,如图 6-64 所示。

第 6 章 | 使用 Premiere 制作短视频

图 6-63 设置"缩放"和"位置"属性

图 6-64 调整后 V3 轨道视频素材效果

步骤 06 打开"效果"面板,在该面板的搜索框中输入"线性擦除",搜索该效果,如图 6-65 所示。将搜索到的"线性擦除"视频效果拖至"时间轴"面板中的 V3 轨道中的视频素材上,为其应用该效果,如图 6-66 所示。

图 6-65 搜索视频效果

图 6-66 为素材应用"线性擦除"效果

步骤 07 在"效果控件"面板中对"线性擦除"效果的"过渡完成"和"擦除角度"选项进行设置,如图 6-67 所示。在"节目"窗口中可以看到 V3 轨道中视频素材的效果,如图 6-68 所示。

图 6-67 设置"线性擦除"效果相关选项

图 6-68 V3 轨道视频素材效果

步骤 08 选择 V2 轨道中的视频素材,在"效果控件"面板中设置其"缩放"属性值为 85%,并拖动"位置"属性值,如图 6-69 所示,调整 V2 轨道中视频素材到视频窗口右下角的位置,如图 6-70 所示。

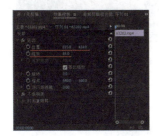
图 6-69 设置"缩放"和"位置"属性

图 6-70 调整后 V2 轨道视频素材效果

141

步骤09 在"效果"面板中将"线性擦除"效果拖至"时间轴"面板中的V2轨道中的视频素材上,为其应用该效果。在"效果控件"面板中对"线性擦除"效果的"过渡完成"和"擦除角度"选项进行设置,如图6-71所示。在"节目"窗口中可以看到V2轨道中视频素材的效果,如图6-72所示。

图6-71 设置"线性擦除"效果相关选项　　　　图6-72 V2轨道视频素材效果

步骤10 选择V1轨道中的视频素材,在"效果控件"面板中拖动"位置"属性值,如图6-73所示,适当调整V1轨道中视频素材在视频窗口中的位置,如图6-74所示。

图6-73 设置"位置"属性　　　　图6-74 适当调整V1轨道素材位置

步骤11 执行"文件>新建>旧版标题"命令,弹出"新建字幕"对话框,设置如图6-75所示。单击"确定"按钮,弹出旧版标题字幕设计窗口,使用"矩形工具",在窗口中绘制白色矩形,如图6-76所示。

图6-75 设置"新建字幕"对话框　　　　图6-76 绘制白色矩形

步骤12 将光标移至所绘制矩形的角上拖动鼠标可以旋转矩形,并拖动调整后的矩形到合适的位置,如图6-77所示。使用相同的制作方法,可以绘制出其他矩形并分别调整到相应的位置,如图6-78所示。

步骤13 关闭旧版标题字幕设计窗口,在"项目"面板中可以看到刚创建的名为"边框"的素材,如图6-79所示。在"时间轴"面板中的V3轨道上右击,在弹出菜单中执行

"添加单个轨道"命令,如图 6-80 所示,在 V3 轨道的上方添加 V4 轨道。

图 6-77 旋转并移动矩形位置

图 6-78 绘制其他矩形并分别调整

图 6-79 刚创建的"边框"素材

图 6-80 执行"添加单个轨道"命令

步骤 14 在"项目"面板中将"边框"素材拖入到 V4 轨道中,并调整其时长与其他视频轨道中的素材时长相同,如图 6-81 所示。在"项目"面板中将 63204.wma 音频素材拖入到 A1 轨道中,并调整其时长与其他视频轨道中的素材时长相同,如图 6-82 所示。

图 6-81 拖入"边框"素材并调整时长

图 6-82 拖入音频素材并调整时长

步骤 15 完成分屏显示效果的制作,在"节目"监视器窗口中单击"播放"按钮,预览视频效果,如图 6-83 所示。

图 6-83 预览分屏显示效果

6.4 应用视频效果

在使用 Premiere 编辑视频时,系统内置了许多视频效果,通过这些视频效果可以对原始素材进行调整,如调整画面的对比度、为画面添加粒子或者光照效果等,从而为视频作品增加艺术效果,为观众带来丰富多彩、精美绝伦的视觉盛宴。

6.4.1 添加视频效果

应用视频效果的方法非常简单,只要将需要应用的视频效果拖动至"时间轴"面板中的素材上，然后根据需要在"效果控件"面板中对该视频效果的参数进行设置，就可以在"节目"监视器窗口中看到所应用的效果。

1. 为素材应用视频效果

打开"效果"面板，展开"视频效果"选项，在该选项中包含了"变换""图像控制""实用程序""扭曲""时间""杂色与颗粒""模糊与锐化""沉浸式视频""生成""视频""调整""过时""过渡""透视""通道""键控""颜色校正"和"风格化"共18个视频效果组，如图6-84所示。

如果需要为时间轴中的素材应用视频效果，可以直接将需要应用的视频效果拖动至"时间轴"中的素材上，如图6-85所示。

图6-84　"视频效果"选项中的视频效果组　　　图6-85　拖动视频效果至时间轴中的素材上应用

为时间轴中的素材应用视频效果后，会自动显示"效果控件"面板，在该面板中可以对所应用的视频效果的参数进行设置，如图6-86所示。完成视频效果参数的设置之后，在"节目"监视器窗口中可以看到应用该视频效果所实现的效果，如图6-87所示。对视频效果参数进行不同的设置，能够产生不同的效果。

图6-86　设置视频效果参数　　　图6-87　应用"镜头光晕"视频效果的效果

2. 添加视频效果的顺序

在使用Premiere的视频效果调整素材时，有时候一个视频效果即可达到调整的目的，但很多时候，需要为素材添加多个视频效果。在Premiere中，系统按照素材在"效果控件"面板中的视频效果从上至下的顺序进行应用，如果为素材应用了多个视频效果，需要注意视频效果在"效果控件"面板中的排列顺序，视频效果顺序不同，所产生的效果也会有所不同。

例如，为素材同时应用了"颜色平衡(HLS)"和"色彩"视频效果，如图6-88所示。在"节目"监视器窗口中可以看到素材调整的效果，如图6-89所示。

在"效果控件"面板中单击"颜色平衡(HLS)"视频效果，将其拖曳至"色彩"视频效果的下方，调整应用顺序，如图6-90所示。在"节目"监视器窗口中可以看到素材的效果明显与刚刚不同，如图6-91所示。

第 6 章 | 使用 Premiere 制作短视频

图 6-88　同时应用两个视频效果　　　　　图 6-89　查看应用视频效果的效果

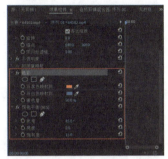 

图 6-90　调整视频效果的应用顺序　　　　图 6-91　查看得到的效果

6.4.2　编辑视频效果

为素材应用视频效果后，用户还可以对视频效果进行编辑，可以通过隐藏视频效果来观察应用视频效果前后的效果变化，如果所应用视频效果不满意，也可以将其删除。

1. 隐藏视频效果

在"时间轴"面板中选择应用了视频效果的素材，打开"效果控件"面板，单击需要隐藏的视频效果名称左侧的"切换效果开关"图标 fx，如图 6-92 所示，即可将该视频效果隐藏，再次单击该图标，即可恢复该视频效果的显示。

2. 删除视频效果

如果需要删除所应用的视频效果，可以在"效果控件"面板中的视频效果名称上右击鼠标，在弹出菜单中执行"清除"命令，如图 6-93 所示，即可将该视频效果删除。或者在"效果控件"面板中选择需要删除的视频效果，按键盘上的 Delete 键，同样可以删除选中的视频效果。

图 6-92　隐藏视频效果　　　　　　　　　图 6-93　清除视频效果

145

6.4.3 认识常用的视频效果组

Premiere 中内置的视频效果非常多，而有些视频效果是我们在短视频编辑处理过程中很少能够用到的，这里我们选取一些常用的视频效果组向读者进行简单的介绍。

1. "变换"视频效果组

"变换"视频效果组中的视频效果主要用于实现素材画面的变换操作，在该效果组中包含"垂直翻转""水平翻转""自动重新构图""羽化边缘"和"裁剪"5个视频效果。

图6-94所示为应用"水平翻转"视频效果的效果，图6-95所示为应用"裁剪"视频效果的效果。

2. "扭曲"视频效果组

"扭曲"视频效果组中的视频效果主要是通过对素材进行几何扭曲变形来制作出各种各样的画面变形效果。在该效果组中包含"偏移""变表稳定器""变换""放大""旋转扭曲""果冻效应修复""波形变形""湍流置换""球面化""边角定位""镜像"和"镜头扭曲"共12个视频效果。

图6-96所示为应用"边角定位"视频效果的效果，图6-97所示为应用"镜像"视频效果的效果。

图6-94 应用"水平翻转"视频效果

图6-95 应用"裁剪"视频效果

图6-96 应用"边角定位"视频效果

3. "杂色与颗粒"视频效果组

"杂色与颗粒"视频效果组中的视频效果主要用于去除画面中的噪点或者在画面中添加杂色与颗粒感效果，在该效果组中包含"中间值（旧版）""杂色""杂色Alpha""杂色HLS""杂色HLS自动"和"蒙尘与划痕"共6个视频效果。

图6-98所示为应用"杂色"视频效果的效果，图6-99所示为应用"蒙尘与划痕"视频效果的效果。

图6-97 应用"镜像"视频效果

图6-98 应用"杂色"视频效果

图6-99 应用"蒙尘与划痕"视频效果

4. "模糊与锐化"视频效果组

"模糊与锐化"视频效果组中的视频效果主要用于柔化或者锐化素材画面，不仅可以柔化边缘过于清晰或者对比度过强的画面区域，还可以将原来并不太清晰的画面进行锐化处理，使其表现更清晰。在该效果组中包含"减少交错闪烁""复合模糊""方向模糊""相机模糊""通道模糊""钝化蒙版""锐化"和"高斯模糊"共 8 个视频效果。

图 6-100 所示为应用"相机模糊"视频效果的效果，图 6-101 所示为应用"锐化"视频效果的效果。

5. "生成"视频效果组

"生成"视频效果组中的视频效果主要用来实现一些素材画面的滤镜效果，使画面的表现效果更加生动。在该效果组中包含"书写""单元格图案""吸管填充""四色渐变""圆形""棋盘""椭圆""油漆桶""渐变""网格""镜头光晕"和"闪电"共 12 个视频效果。

图 6-102 所示为应用"四色渐变"视频效果的效果，图 6-103 所示为应用"镜头光晕"视频效果的效果。

图 6-100　应用"相机模糊"视频效果　　图 6-101　应用"锐化"视频效果　　图 6-102　应用"四色渐变"视频效果

6. "透视"视频效果组

"透视"视频效果组中的视频效果主要用于制作三维立体效果和空间效果，在该效果组中包含"基本 3D""径向阴影""投影""斜面 Alpha"和"边缘斜面"共 5 个视频效果。

图 6-104 所示为应用"基本 3D"视频效果的效果，图 6-105 所示为应用"边缘斜面"视频效果的效果。

图 6-103　应用"镜头光晕"视频效果　　图 6-104　应用"基本 3D"视频效果　　图 6-105　应用"边缘斜面"视频效果

7. "键控"视频效果组

在"键控"视频效果组中为用户提供了多种不同功能的抠像视频效果，通过使用这些视频效果可以方便地实现抠像处理。在"键控"视频效果组中包含"Alpha 调整""亮度键""图像遮罩键""差值遮罩""移除遮罩""超级键""轨道遮罩键""非红色键"和"颜色键"共 9 个视频效果。

图 6-106 所示为绿幕素材的效果，图 6-107 所示为应用"非红色键"抠除绿幕背景的效果。

> **小贴士**：影视后期制作中的抠像，也就是蓝屏和绿屏技术一直被运用在影视特效中，其原理就是利用蓝屏和绿屏的背景色和人物主体的颜色差异，首先让角色在蓝屏或者绿屏面前表演；然后利用抠像技术，将人物从纯色的背景中剥离出来；最后将他们和复杂情况下需要表现的场景结合在一起。

8. "颜色校正"视频效果组

"颜色校正"效果组中的视频效果主要用于对素材画面的色彩进行调整，包括色彩的亮度、对比度、色相等，从而校正素材的色彩效果。在该效果组中包含"ASC CDL""Lumetri 颜色""亮度与对比度""保留颜色""均衡""更改为颜色""更改颜色""色彩""视频限制器""通道混合器""颜色平衡"和"颜色平衡（HLS）"共 12 个视频效果。

图 6-108 所示为应用"更改颜色"视频效果的效果，图 6-109 所示为应用"颜色平衡"视频效果的效果。

图 6-106 绿幕素材效果　　图 6-107 应用"非红色键"抠除绿幕背景效果　　图 6-108 应用"更改颜色"视频效果

9. "风格化"视频效果组

"风格化"视频效果组中的视频效果主要用于创建一些风格化的画面效果，在该效果组中包含"Alpha 发光""复制""彩色浮雕""曝光过度""查找边缘""浮雕""画笔描边""粗糙边缘""纹理""色调分离""闪光灯""阈值"和"马赛克"共 13 个视频效果。

图 6-110 所示为应用"粗糙边缘"视频效果的效果，图 6-111 所示为应用"画笔描边"视频效果的效果。

图 6-109 应用"颜色平衡"视频效果　　图 6-110 应用"粗糙边缘"视频效果　　图 6-111 应用"画笔描边"视频效果

6.4.4 为视频局部添加马赛克

在 Premiere 中，可以直接使用功能强大的蒙版与跟踪工作流。蒙版能够在剪辑中定义要模糊、覆盖、高光显示、应用效果或校正颜色的特定区域。可以创建和修改不同形状的蒙版，如椭圆形或矩形，或者使用"钢笔工具"绘制自由形式的贝塞尔曲线形状。

本节将通过一个案例讲解将视频效果与蒙版相结合，实现为视频局部添加马赛克的效果。

实战 为视频局部添加马赛克

源文件：资源 \ 第 6 章 \6-4-4.prproj　　视频：视频 \ 第 6 章 \ 为视频局部添加马赛克 .mp4

步骤 01　执行"文件 > 新建 > 项目"命令，弹出"新建项目"对话框，设置项目文件的名称和位置，如图 6-112 所示。单击"确定"按钮，新建项目文件。执行"文件 > 新建 > 序列"命令，弹出"新建序列"对话框，在预设列表中选择"AVCHD"选项中的"AVCHD 720p30"选项，如图 6-113 所示。单击"确定"按钮，新建序列。

图 6-112　"新建项目"对话框

图 6-113　"新建序列"对话框

步骤 02　将视频素材 64401.mp4 导入到"项目"面板中，如图 6-114 所示。将"项目"面板中的 64401.mp4 视频素材拖入到"时间轴"面板中的 V1 轨道中，在"节目"监视器窗口中可以看到该视频素材的效果，如图 6-115 所示。

图 6-114　导入视频素材

图 6-115　查看视频素材效果

步骤 03　选择 V1 轨道中的视频素材，打开"效果"面板，展开"视频效果"选项中的"风格化"选项组，将"马赛克"视频效果拖曳至 V1 轨道中的视频素材上，如图 6-116 所示。为其应用该视频效果，打开"效果控件"面板，对"马赛克"视频效果的相关参数进行设置，如图 6-117 所示。

步骤 04　完成"马赛克"视频效果参数的设置后，在"节目"监视器窗口中可以看到应用"马赛克"视频效果的效果，如图 6-118 所示。在"效果控件"面板中单击所应用的"马赛克"视频效果选项下方的"创建椭圆形蒙版"按钮，自动为当前素材添加椭圆形蒙版路径，如图 6-119 所示。

图 6-116　应用"马赛克"视频效果　　　　图 6-117　设置"马赛克"参数

步骤 05　在"节目"监视器窗口中，光标移至椭圆形蒙版路径的内容单击并拖动，可以调整蒙版路径的位置，如图 6-120 所示。单击并拖动蒙版路径上的控制点，可以调整蒙版路径的大小和形状，如图 6-121 所示。

图 6-118　应用"马赛克"视频效　　图 6-119　添加椭圆形蒙版　　图 6-120　移动蒙版路径位置
　　　　　果的效果

步骤 06　在"效果控件"面板中的"马赛克"视频效果选项的下方会自动添加蒙版相关的设置选项，单击"蒙版路径"选项右侧的"向前跟踪所选蒙版"图标，如图 6-122 所示。系统自动播放视频素材并进行蒙版路径的跟踪处理，显示跟踪进度，如图 6-123 所示。

图 6-121　调整蒙版路径大小　　　图 6-122　单击"向前跟踪所选蒙　　图 6-123　显示跟踪进度
　　　　　　　　　　　　　　　　　　　　　版"图标

步骤 07　完成蒙版路径的跟踪处理，即可完成视频局部马赛克的添加，在"节目"监视器窗口中单击"播放"按钮，预览视频效果，如图 6-124 所示。

图 6-124　预览视频效果

> **小贴士**：完成蒙版路径的自动跟踪处理之后，可以拖动时间指示器来观察蒙版路径的位置是否正确，如果局部不正确，可以对局部的蒙版路径进行手动调整。

6.5 应用视频过渡效果

在 Premiere 中，用户可以利用一些视频过渡效果在视频素材或图像素材之间创建出丰富多彩的转场过渡特效，使素材剪辑在视频中出现或消失，从而使素材之间的切换变得更加平滑流畅。

6.5.1 添加视频过渡效果

对于视频的后期编辑处理来说，合理地为素材添加一些视频过渡效果，可以使两个或多个原本不相关联的素材在过渡时能够更加平滑、流畅，使编辑画面更加生动和谐，也能够大大提高视频剪辑的效率。

如果需要为"时间轴"面板中两个相邻的素材添加视频过渡效果，可以在"效果"面板中展开"视频过渡"选项，如图 6-125 所示。在相应的过渡效果中选择需要添加的视频过渡效果，按住鼠标左键并拖曳至"时间轴"面板中的两个目标素材之间即可，如图 6-126 所示。

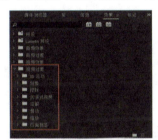

图 6-125　"视频过渡"选项

图 6-126　将需要应用的过渡效果拖动至素材之间

6.5.2 编辑视频过渡效果

可以将视频过渡效果添加到两个素材之间的连接处之后，在"时间轴"面板中单击选择刚添加的视频过渡效果，如图 6-127 所示。即可在"效果控件"面板中对所选中的视频过渡效果进行参数设置，如图 6-128 所示。

1．设置持续时间

在"效果控件"面板中，可以通过设置"持续时间"选项，来控制视频过渡效果的持续时间。数值越大，视频过渡持续时间越长，反之则持续时间越短。图 6-129 所示为修改"持续时间"选项，图 6-130 所示为过渡效果在时间轴上的表现效果。

图 6-127　单击选择视频过渡　　图 6-128　"效果控件"面板　　图 6-129　修改"持续时间"
　　　　　　　　　　　　　　　　　　　　中的设置选项　　　　　　　　　　选项

2. 编辑过渡效果方向

不同的视频过渡效果具有不同的过渡方向设置，在"效果控件"面板中的效果方向示意图四周提供了多个三角形箭头，单击相应的三角形箭头，即可设置该视频过渡效果的方向。例如，单击"自西北向东南"三角形箭头，如图 6-131 所示，即可在"节目"监视器窗口中看到改变方向后的视频过渡效果，如图 6-132 所示。

图 6-130　过渡效果在时间轴上的表现　　图 6-131　单击方向三角形箭头　　图 6-132　"节目"监视器窗口效果

3. 编辑对齐参数

在"效果控件"面板中，"对齐"选项用于控制视频过渡效果的切割对齐方式，包括"中心切入""起点切入""终点切入"和"自定义起点"4 种方式。

中心切入：设置"对齐"选项为"中心切入"，视频过渡效果位于两个素材的中心位置，如图 6-133 所示。

起点切入：设置"对齐"选项为"起点切入"，则视频过渡效果位于第 2 个素材的起始位置，如图 6-134 所示。

图 6-133　"中心切入"效果　　　　　　　　图 6-134　"起点切入"效果

终点切入：设置"对齐"选项为"终点切入"，则视频过渡效果位于第 1 个素材的结束位置，如图 6-135 所示。

自定义起点：在时间轴中还可以通过单击并拖动调整所添加的视频过渡效果的位置，从而自定义视频过渡效果的起点位置，如图 6-136 所示。

图 6-135　"终点切入"效果　　　　　　　　图 6-136　拖动调整起点位置

4. 设置开始、结束位置

在视频过渡效果预览区域的顶部有控制视频过渡效果开始、结束两个选项。

开始：该选项用于设置视频过渡效果的开始位置，默认值为 0，表示过渡效果将从整个视频过渡过程的开始位置开始视频过渡。如果将"开始"选项设置为 20，如图 6-137 所示，则表示视频过渡效果以整个视频过渡效果的 20% 的位置开始过渡。

图 6-137　设置过渡效果开始位置　　图 6-138　设置过渡效果结束位置

结束：该选项用于设置视频过渡效果的结束位置，默认值为 100，表示过渡效果将从整个视频过渡过程的结束位置结束视频过渡。如果将"结束"选项设置为 90，如图 6-138 所示，则表示视频过渡效果以整个视频过渡效果的 90% 的位置结束过渡。

5. 显示素材实际效果

在"效果控件"面板中视频过渡的预览区域分别以 A 和 B 进行表示，如果需要在"效果控件"面板中的视频过渡预览区域中显示素材的实际过渡效果，可以选中"显示实际源"复选框，即可在视频过渡预览区域中显示素材的实际过渡效果。

> **小贴士**：有一些视频过渡效果，在过渡过程中可以设置边框的效果，在"效果控件"面板中提供了边框设置选项，如"边框宽度"和"边框颜色"等，用户可以根据需要进行设置。

6.5.3　认识视频过渡效果

作为一款优秀的视频后期编辑软件，Premiere 内置了许多视频过渡效果供用户使用，熟练并恰当地运用这些效果可以使视频素材之间的衔接转场更加自然流畅，并且能够增加视频的艺术性。下面对 Premiere 内置的视频过渡效果进行简单的介绍。

1. "3D 运动"效果组

"3D 运动"效果组中的视频效果可以模拟三维空间的运动效果，其中包含了"立方体旋转"和"翻转"两个过渡效果。图 6-139 所示为应用"立方体旋转"过渡效果的效果，图 6-140 所示为应用"翻转"过渡效果的效果。

2. "内滑"效果组

"内滑"效果组中的视频过渡效果主要是通过运动画面的方式完成场景的切换，在该效果组中包含"中心拆分""内滑""带状内滑""拆分"和"推"共 5 种视频过渡效果。

图 6-141 所示为应用"拆分"过渡效果的效果，图 6-142 所示为应用"推"过渡效果的效果。

图 6-139　"立方体旋转"过渡效果　　图 6-140　"翻转"过渡效果　　图 6-141　"拆分"过渡效果

3. "划像"效果组

"划像"效果组中的过渡效果是通过分割画面来完成素材的切换的,在该效果组中包含"交叉划像""圆划像""盒形划像"和"菱形划像"4个视频过渡效果。

图 6-143 所示为应用"交叉划像"过渡效果的效果,图 6-144 所示为应用"菱形划像"过渡效果的效果。

图 6-142　"推"过渡效果　　图 6-143　"交叉划像"过渡效果　　图 6-144　"菱形划像"过渡效果

4. "擦除"效果组

"擦除"效果组中的视频过渡效果主要是以各种方式将素材擦除来完成场景的切换。在该效果组中包含"划出""双侧平推门""带状擦除""径向擦除""插入""时钟式擦除""棋盘""棋盘擦除""楔形擦除""水波块""油漆飞溅""渐变擦除""百叶窗""螺旋框""随机块""随机擦除"和"风车"共 17 种视频过渡效果。

图 6-145 所示为应用"带状擦除"过渡效果的效果,图 6-146 所示为应用"风车"过渡效果的效果。

> 小贴士:"沉浸式视频"效果组中所提供的视频过渡效果都是针对 VR 视频的处理效果,在这里不作过多介绍。

5. "溶解"效果组

"溶解"效果组中的视频过渡效果主要是以淡化、渗透等方式产生过渡效果,包括"MorphCut""交叉溶解""叠加溶解""白场过渡""胶片溶解""非叠加溶解"和"黑场过渡"共 7 种视频过渡效果。

图 6-147 所示为应用"交叉溶解"过渡效果的效果,图 6-148 所示为应用"黑场过渡"过渡效果的效果。

图 6-145　"带状擦除"过渡效果　　图 6-146　"风车"过渡效果　　图 6-147　"交叉溶解"过渡效果

6. "缩放"效果组

"缩放"效果组中的视频过渡效果主要是通过对素材进行缩放来完成场景的切换,在该效果组中只包含了一个"交叉缩放"效果。图 6-149 所示为应用"交叉缩放"过渡效果的效果。

7. "页面剥落"效果组

"页面剥落"效果组中的视频过渡效果主要是使第 1 段素材以各种卷页动作形式消失,

最终显示出第 2 段素材，在该效果组中包含"翻页"和"页面剥落"两个视频过渡效果。图 6-150 所示为应用"翻页"过渡效果的效果。

图 6-148　"黑场过渡"过渡效果　　图 6-149　"交叉缩放"过渡效果　　图 6-150　"翻页"过渡效果

6.5.4　视频过渡效果插件

除了可以使用 Premiere 中提供的内置视频过渡效果之外，还可以使用外部的视频过渡效果插件，从而轻松实现更加丰富的视频过渡转场效果。本节以 FilmImpact 插件为例，讲解插件的安装和使用。

打开 FilmImpact 插件文件夹，双击该插件的安装程序文件 Transition Packs V3.5.4.exe，如图 6-151 所示。弹出 FilmImpact 插件安装提示对话框，如图 6-152 所示，单击默认的安装按钮，即可进行插件的安装。

图 6-151　双击插件安装程序图标　　　　　图 6-152　插件安装提示对话框

完成插件的安装后，重新启动 Premiere 软件，在"效果"面板中可以看到 FilmImpact 插件所提供的多种不同类型的视频过渡效果，如图 6-153 所示。展开 FilmImpact.net TP2 选项组，将 Impact Zoom Blur 视频过渡效果拖曳至 V1 轨道中两个素材之间，如图 6-154 所示。

图 6-153　FilmImpact 插件的相关选项　　　图 6-154　拖曳相应的效果至两个素材之间

如果需要设置视频过渡效果的持续时间，只需要单击素材之间的过渡效果，在"效果控件"面板中即可设置其"持续时间"选项，如图 6-155 所示。在"时间轴"面板中拖动时间指示器，可以在"节目"窗口中预览所添加的视频过渡效果，如图 6-156 所示。

图 6-155 设置"持续时间"选项

图 6-156 预览视频过渡效果

> **小贴士**：Premiere 软件的视频过渡效果插件非常丰富，除了此处所使用的 FilmImpact 插件之外，还有许多其他的效果插件，感兴趣的同学可以在互联网上查找并安装使用。

6.5.5 制作商品展示视频效果

视频过渡效果对于不同镜头素材的组接具有非常重要的作用，能够使镜头之间的切换更加流畅、自然。本节将制作一个商品展示视频效果，将普通的商品图片通过视频效果的处理使其更具有动感，同时在不同图片的切换过渡中加入视频过渡效果，使商品展示的表现效果更生动。

 制作商品展示视频效果

源文件：资源 \ 第 6 章 \6-5-5.prproj　　视频：视频 \ 第 6 章 \ 制作商品展示视频效果 .mp4

步骤 01　执行"文件 > 新建 > 项目"命令，弹出"新建项目"对话框，设置项目文件的名称和位置，如图 6-157 所示。单击"确定"按钮，新建项目文件。执行"文件 > 新建 > 序列"命令，弹出"新建序列"对话框，在预设列表中选择"AVCHD"选项中的"AVCHD 720p30"选项，如图 6-158 所示。

图 6-157 "新建项目"对话框

图 6-158 "新建序列"对话框

步骤 02　切换到"轨道"选项卡中，只保留 1 个音频轨道，将其他音频轨道删除，如图 6-159 所示。单击"确定"按钮，新建序列。将图片素材 65501.jpg 至 65510.jpg 导入到"项目"面板中，如图 6-160 所示。

第 6 章 | 使用 Premiere 制作短视频

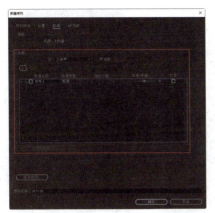

图 6-159 删除不需要的音频轨道

图 6-160 导入多张图片素材

步骤 03　在"项目"面板中同时选中 65501.jpg 至 65510.jpg，将选中的图片素材同时拖入到"时间轴"面板的 V1 轨道中，如图 6-161 所示。在"时间轴"面板中拖动鼠标光标选中 V1 轨道中的所有素材，按住【Alt】键不放拖动至 V2 轨道，复制所有素材，如图 6-162 所示。

图 6-161 将所有素材拖至 V1 轨道中

图 6-162 复制所有素材至 V2 轨道

步骤 04　隐藏 V2 轨道，选择 V1 轨道中的第 1 张图片素材，如图 6-163 所示。打开"效果"面板，展开"视频效果"中的"模糊与锐化"效果组，将"高斯模糊"效果拖至 V1 轨道中第 1 个图片素材上，如图 6-164 所示，为该素材应用"高斯模糊"效果。

图 6-163 选择素材

图 6-164 应用"高斯模糊"效果

步骤 05　打开"效果控件"面板，对"高斯模糊"效果的相关选项进行设置，如图 6-165 所示。在"节目"监视器窗口中可以看到对"高斯模糊"效果进行设置后的素材的效果，如图 6-166 所示。

步骤 06　选择 V1 轨道中的第 1 个图片素材，按快捷键【Ctrl+C】，拖动鼠标光标同时选中 V1 轨道中的其他图片素材，按快捷键【Ctrl+Alt+V】，弹出"粘贴属性"对话框，默认设置，如图 6-167 所示。单击"确定"按钮，即可将其他素材同样应用相同的"高斯模糊"效果设置，在"节目"监视器窗口中可以看到其他素材的效果，如图 6-168 所示。

步骤 07　将时间指示器移至起始位置，显示 V2 轨道中的素材，选择 V2 轨道中第 1 个图片素材，如图 6-169 所示。在"效果控件"面板中设置其"缩放"属性值为 75，在"节目"监视器窗口中可以看到缩放后的效果，如图 6-170 所示。

157

图 6-165　设置"高斯模糊"效果

图 6-168　查看其他素材效果

图 6-166　"节目"监视器窗口中的素材效果

图 6-167　"粘贴属性"对话框

图 6-169　选择 V2 轨道中第 1 个素材

步骤08　打开"效果"面板,展开"视频效果"中的"透视"效果组,将"径向阴影"效果拖至 V2 轨道中第 1 个图片素材上,应用该效果。打开"效果控件"面板,对"径向阴影"效果的相关选项进行设置,如图 6-171 所示。在"节目"监视器窗口中可以看到通过"径向阴影"效果所实现的素材描边效果,如图 6-172 所示。

图 6-170　查看对素材缩放的效果

图 6-171　设置"径向阴影"效果

图 6-172　"节目"监视器窗口中的素材效果

步骤09　将"效果"面板中的"视频效果"中的"透视"效果组的"投影"效果拖至 V2 轨道中第 1 个图片素材上,打开"效果控件"面板,对"投影"效果的相关选项进行设置,如图 6-173 所示。在"节目"监视器窗口中可以看到为图片素材所添加的投影效果,如图 6-174 所示。

步骤10　将"效果"面板中的"视频效果"中的"透视"效果组的"基本3D"效果拖至 V2 轨道中第 1 个图片素材上,打开"效果控件"面板,设置"缩

图 6-173　设置"投影"效果

图 6-174　为图片素材添加投影效果

放"属性值为 70,"旋转"属性值为 -6°,并分别插入这两个属性关键帧,如图 6-175 所示。在"节目"监视器窗口中可以看到图片素材的效果,如图 6-176 所示。

步骤 11 在"效果控件"面板中对"基本 3D"效果的"旋转"和"倾斜"属性进行设置并分别插入关键帧,如图 6-177 所示。在"节目"监视器窗口中可以看到图片素材在三维方向上的旋转效果,如图 6-178 所示。

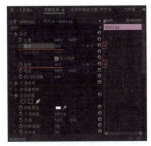  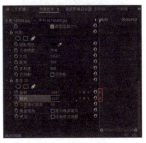

图 6-175　插入"缩放"和"旋转"属性关键帧　　图 6-176　图片素材效果　　图 6-177　插入"旋转"和"倾斜"属性关键帧

步骤 12 将时间指示器移至 4 秒 28 帧的位置,在"效果控件"面板中设置"运动"选项区中的"缩放"属性值为 75,"旋转"属性值为 0°,设置"基本 3D"效果的"旋转"为 6°,"倾斜"为 4°,如图 6-179 所示。在"节目"监视器窗口中可以看到图片素材的效果,如图 6-180 所示。

 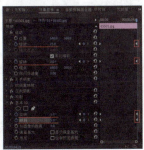 

图 6-178　图片素材在三维方向上的旋转效果　　图 6-179　设置相关属性值　　图 6-180　图片素材的效果

步骤 13 在"效果控件"面板中拖动鼠标光标同时选中所有的属性关键帧,在任意一个关键帧上右击,在弹出菜单中执行"自动贝塞尔曲线"命令,如图 6-181 所示。应用该命令后,关键帧图标将变为圆形的形状,如图 6-182 所示。

步骤 14 选择 V2 轨道中的第 1 个图片素材,按快捷键【Ctrl+C】,拖动鼠标同时选中 V2 轨道中的

图 6-181　执行"自动贝塞尔曲线"命令　　图 6-182　关键帧变为圆形效果

其他图片素材，按快捷键【Ctrl+Alt+V】，弹出"粘贴属性"对话框，默认设置，如图6-183所示。单击"确定"按钮，即可使其他素材同样应用与第1个素材相同的效果设置和关键帧动画效果，在"节目"监视器窗口中可以看到其他素材的效果，如图6-184所示。

步骤15 打开"效果"面板，展开"视频过渡"中的"溶解"效果组，将"黑场过渡"效果分别拖至V1和

图6-183 "粘贴属性"对话框　　图6-184 查看其他素材效果

V2轨道中第1个素材的前方，如图6-185所示。同样将"黑场过渡"效果分别拖至V1和V2轨道中最后一个素材的后方，如图6-186所示。

图6-185 应用"黑场过渡"转场效果　　图6-186 在结束位置应用"黑场过渡"转场效果

步骤16 在"效果"面板中展开FilmImpact.net TP1选项组，将Impact Push视频过渡效果分别拖至V1和V2轨道中65501.jpg与65502.jpg这两个素材之间，如图6-187所示。如果需要设置视频过渡效果的持续时间，只需要单击素材之间的过渡效果，在"效果控件"面板中即可设置其"持续时间"选项，如图6-188所示。

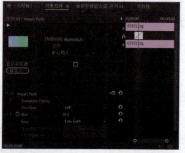

图6-187 应用Impact Push视频过渡效果　　图6-188 Impact Push过渡效果设置选项

步骤17 在"时间轴"面板中拖动时间指示器，可以在"节目"监视器窗口中预览所添加的视频过渡效果，如图6-189所示。使用相同的操作方法，可以在V1和V2轨道的其他素材之间添加相应的视频过渡效果，如图6-190所示。

步骤18 导入准备好的背景音乐，并将该背景音乐拖入到"时间轴"面板中的A1轨道中，如图6-191所示。选择A1轨道中的音频素材，向左拖动该视频素材的右侧对其进行裁剪，使音频素材的长度与V1轨道中的视频素材相同，如图6-192所示。

图 6-189　预览转场过渡效果　　　图 6-190　在其他素材之间分别添加过渡效果

图 6-191　将音频素材拖入到 A1 轨道中　　　图 6-192　对音频素材进行裁剪

步骤 19　在"效果"面板中的搜索栏中输入"指数淡化",快速找到"指数淡化"效果,如图 6-193 所示。将"指数淡化"效果拖入到 A1 轨道中的音频素材结束的位置,为其应用该效果,如图 6-194 所示。

步骤 20　单击选择音频素材结尾添加的"指数淡化"效果,在"效果控件"面板中设置"持续时间"为 3 秒,如图 6-195 所示,"时间轴"面板如图 6-196 所示。

图 6-193　搜索"指数淡化"效果

图 6-194　将"指数淡化"效果拖　图 6-195　设置"持续时间"选项　图 6-196　"时间轴"面板
　　　　　至音频结束位置

步骤 21　完成商品展示视频效果的制作,在"节目"监视器窗口中单击"播放"按钮,预览视频效果,如图 6-197 所示。

图 6-197　预览商品展示视频效果

6.6 字幕的添加与设置

字幕是短视频制作中一种非常重要的视觉元素，也是将短视频的相关信息传递给观众的重要方式。除了摄影师在具体拍摄时所形成的前期画面构图之外，随着高科技在影视后期制作中的普及运用，字幕都可以对其进行必要的补充、装饰、加工，以形成画面新的造型。同时，也给动画和字幕的制作提供了方便的制作工具和广阔的创作空间。

6.6.1 创建字幕和文字图形对象

字幕中包括文字和图形对象，其中文字对象是最主要的，图形对象其次。一般，我们把字幕的文字对象称为字幕素材。

1. 创建字幕

在 Premiere 中为用户提供了多种新建字幕的方法，可以通过执行"文件"菜单中的相关命令，也可以使用"项目"面板，用户可以根据自身的操作习惯选择合适的创建方法。

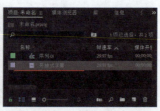

执行"文件>新建>字幕"命令，弹出"新建字幕"对话框，如"标准"选项下拉列表中选择"开放字幕"选项，并且可以对其他相关选项进行设置，如图6-198所示。单击"确定"按钮，即可新建字幕，所新建的字幕出现在"项目"面板中，如图6-199所示。

图 6-198 "新建字幕"对话框　　图 6-199 "项目"面板

> **小贴士**：单击"项目"面板上的"新建项"图标，在弹出菜单中执行"字幕"命令，同样可以弹出"新建字幕"对话框，进行字幕的创建操作。

双击"项目"面板中所创建的开放式字幕，即可在"源"监视器窗口中看到字幕的默认文字内容，如图 6-200 所示，并自动切换到"字幕"面板，在该面板中可以对字幕内容进行修改，并且对文字的相关属性进行设置，如图 6-201 所示。

图 6-200 "源"监视器窗口　　图 6-201 "字幕"面板

2. 创建文字图形对象

在"创建字幕"一节中使用"字幕"命令所创建的属于文字对象，除此之外，还可以使用所提供的文字工具在"节目"监视器窗口中直接输入文字，从而创建出文字图形对象。

单击"工具"面板中的"文字工具"按钮 T，在"节目"监视器窗口中合适的位置单击，显示红色的文字输入框，如图 6-202 所示，即可输入相应的文字内容，完成文字的输入，可以使用"选择工具"拖动调整文字的位置，如图6-203所示。

选择刚输入的文字，执行"窗口>基本图形"命令，打开"基本图形"面板，切换到"编辑"选项中，在"文本"选项区域中

图 6-202　文字输入框

图 6-203　拖动调整文字的位置

可以对文字的相关属性进行设置，如图6-204所示。在"节目"监视器窗口中可以看到设置文字属性后的效果，如图6-205所示。

图 6-204　设置文字属性　　图 6-205　文字效果　　图 6-206　输入竖排文字

如果使用"垂直文字工具" ，在"节目"监视器窗口中合适的位置单击并输入文字，则可以创建出竖排文字，如图6-206所示。

6.6.2　字幕设计窗口

执行"文件>新建>旧版标题"命令，弹出"新建字幕"对话框，用户可以根据需要设置字幕的宽度、高度、时基和像素长宽比，默认与当前序列的设置相同，还可以对字幕命名，如图6-207所示。单击"确定"按钮，即可弹出字幕设计窗口，如图6-208所示，该窗口主要由字幕工具区、字幕动作区、字幕编辑区、"旧版标题样式"面板和"旧版标题属性"面板组成。

图 6-207　"新建字幕"对话框

1. 字幕工具区

在字幕工具区中为用户提供了文字创建工具和图形绘制工具，如图6-209所示，使用这些工具可以输入文字或者绘制图形，其中"文字工具"和"垂直文字工具"与"创建文字图形对象"一节介绍的"工具"面板中的文字创建工具是相同的。

例如，使用"区域文字工具"，在字幕编辑区域中单击并拖动鼠标，绘制一个文本区域，可以在该文本区域中输入文字内容，并且可以在其上方设置文字属性，如图6-210所示。

图 6-208 字幕设计窗口

2. 字幕动作区

在字幕动作区中提供了用于对齐、居中和分布字幕的工具,如图 6-211 所示。选择输入的文字对象后,根据需要单击字幕动作区中相应的功能按钮,即可对所选中的文字对象进行相应的操作。例如,选中文字对象后,单击"垂直居中"按钮,可以将所选择的文字对象放置在节目垂直居中的位置,如图 6-212 所示。

图 6-209 字幕工具区　　图 6-210 在文本区域输入文字　　图 6-211 字幕动作区

3. 文字属性区

使用文字工具在文字编辑区域中单击并输入文字之后,在字幕设计窗口上方的文字属性区中可以对文字的相关属性进行设置,包括字体、字体样式、字体大小、字偶间距、行距、对齐方式等,如图 6-213 所示。

4. "旧版标题属性"面板

"旧版标题属性"面板用于对字幕进行更多的属性选项设置,例如文字的变换效果、文字属性、填充效果、描边效果、阴影效果、背景效果等,如图 6-214 所示。

图 6-212 文字垂直居中显示　　图 6-214 "旧版标题属性"面板

图 6-213 文字属性区

6.6.3 制作品牌宣传短视频

本节将制作一个品牌宣传短视频，通过多段品牌形象的展示片段来综合展现品牌的魅力，在每一段视频片段中，使用 Premiere 中的"线性擦除"视频效果和其他视频效果结合应用，对视频片段进行不同方式的遮罩处理，从而使得视频画面的表现形式更加丰富、多样，使得平淡的视频片段表现出时尚感，并且搭配优雅的纯音乐，有效提升品牌形象的魅力。

 制作品牌宣传短视频

源文件：资源\第6章\6-6-3.prproj　　视频：视频\第6章\品牌宣传短视频.mp4

步骤01　执行"文件>新建>项目"命令，弹出"新建项目"对话框，设置项目文件的名称和位置，如图6-215所示。单击"确定"按钮，新建项目文件。执行"文件>新建>序列"命令，弹出"新建序列"对话框，在预设列表中选择"AVCHD"选项中的"AVCHD 720p30"选项，如图6-216所示。单击"确定"按钮，新建名称为"片段1"的序列。

图6-215　"新建项目"对话框

图6-216　"新建序列"对话框

步骤02　单击"项目"面板上的"新建项"图标，在弹出菜单中执行"颜色遮罩"命令，如图6-217所示。弹出"新建颜色遮罩"对话框，默认的设置与当前序列的设置相同，如图6-218所示。

步骤03　单击"确定"按钮，完成"新建颜色遮罩"对话框的设置，弹出"拾色器"对话框，设置颜色为#9EFAF9，如图6-219所示。单击"确定"按钮，弹出"选择名称"对话框，默认名称，单击"确定"按钮，在"项目"面板中可以看到新建的"颜色遮罩"素材，如图6-220所示。

图6-217　执行"颜色遮罩"命令

图6-218　"新建颜色遮罩"对话框

图6-219　选择颜色

步骤 04　将"颜色遮罩"素材从"项目"面板拖入到"时间轴"面板中的 V1 轨道中,如图 6-221 所示。确认时间指示器位于起始位置,选择 V1 轨道中的"颜色遮罩"素材,打开"效果控件"面板,单击"不透明度"属性前的"切换动画"图标 ,插入该属性关键帧,并设置该属性值为 0%,如图 6-222 所示。

图 6-220　得到"颜色遮罩"素材　　图 6-221　将素材拖入 V1 轨道中　　图 6-222　插入关键帧并设置属性值

步骤 05　将时间指示器移至 0 秒 10 帧的位置,在"效果控件"面板中设置"不透明度"属性值为 100%,效果如图 6-223 所示。将时间指示器移至起始位置,单击工具栏中的"文字工具",在"节目"监视器窗口中单击并输入文字,在"效果控件"面板中的"文本"选项区中对文字的相关属性进行设置,如图 6-224 所示。

　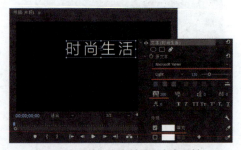

图 6-223　设置"不透明度"属性值效果　　图 6-224　输入文字并设置文字属性

步骤 06　将时间指示器移至 0 秒 09 帧的位置,选择 V2 轨道中的"时尚生活"文字,打开"效果控件"面板,插入"位置"和"不透明度"属性关键帧,并设置"不透明度"属性值为 0%,如图 6-225 所示。将时间指示器移至 1 秒 10 帧的位置,设置"不透明度"属性值为 100%,选择"位置"属性,在"节目"监视器窗口中将文字垂直向下移至合适的位置,自动在当前位置添加"不透明度"和"位置"属性关键帧,如图 6-226 所示。

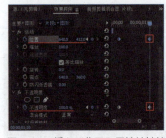　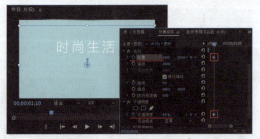

图 6-225　插入"位置"属性关键帧　　图 6-226　向下移动文字位置

步骤 07　同时选中两个"位置"属性关键帧,在任意关键帧上右击,在弹出菜单中执行"临时插值>贝塞尔曲线"命令,如图 6-227 所示。单击"位置"属性左侧的箭头图标,展开该属性的贝塞尔曲线,调整该属性的运动速度曲线,如图6-228所示,使得文字向下移动的过程先快后慢,更加自然。

图6-227　执行"贝塞尔曲线"命令

图6-228　调整运动速度曲线

步骤 08　将时间指示器移至起始位置,在"节目"监视器窗口中取消当前文字的选中状态,再次使用"文字工具"在"节目"监视器窗口中输入文字,调整文字到合适的位置,如图6-229所示。使用相同的制作方法,可以制作出该文字从下向上位置移动的动画效果,如图6-230所示。

图6-229　输入文字

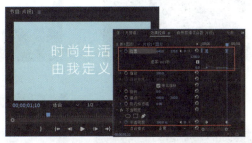

图6-230　制作文字从下向上运动动画

步骤 09　在"时间轴"面板中同时选中V2和V3轨道中的文字,如图6-231所示。执行"剪辑>嵌套"命令,弹出"嵌套序列名称"对话框,设置名称,单击"确定"按钮,即可将所选中的两个轨道素材创建为一个嵌套序列,如图6-232所示。

图6-231　同时选中V2和V3轨道中的素材

图6-232　创建嵌套序列

步骤 10　打开"效果"面板,搜索"渐变"效果,快速找到该效果,如图6-233所示。将"渐变"效果拖至"时间轴"面板V2轨道中的"标题动画"素材上,为其应用该效果,在"节目"监视器窗口中可以看到应用"渐变"的默认效果,如图6-234所示。

步骤 11　在"项目"面板的空白位置双击,弹出"导入"对话框,导入视频素材line.mp4,如图6-235所示。将"项目"面板中的line.mp4视频素材拖入到"时间轴"面板中的V3轨道,在"节目"监视器窗口中可以看到视频素材的效果,如图6-236所示。

步骤 12　将时间指示器移至起始位置,选择V3轨道中的line.mp4素材,打开"效果控件"面板,设置"混合模式"为"滤色",插入"不透明度"属性关键帧,并设置其属性值为0%,如图6-237所示。将时间指示器移至1秒05帧的位置,设置"不透明度"属性值为

55%，自动添加该属性关键帧，效果如图 6-238 所示。

图 6-233　快速找到"渐变"效果

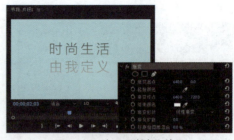

图 6-234　应用"渐变"效果

图 6-235　导入视频素材

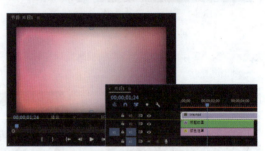

图 6-236　将视频素材拖入 V3 轨道

图 6-237　设置属性值并插入关键帧

图 6-238　设置属性值效果

步骤 13　拖动 V3 轨道中素材的右侧，调整其持续时长与 V1 和 V2 轨道中的素材相同，如图 6-239 所示。新建名称为"片段 2"的序列，其选项设置与"片段 1"相同，进入"片段 2"序列的编辑状态，在"项目"面板的空白位置双击，导入视频素材 66301.mp4，如图 6-240 所示。

图 6-239　调整 V3 轨道素材持续时间

图 6-240　新建序列并导入素材

步骤 14　将"项目"面板中的 66301.mp4 视频素材拖入到"时间轴"面板中的 V1 轨道，调整其持续时长为 5 秒，在"节目"监视器窗口中可以看到视频素材的效果，如图 6-241

所示。打开"效果控件"面板,插入"位置"属性关键帧,将时间指示器移至 2 秒 20 帧的位置,在"节目"监视器窗口中将视频素材向右水平移动位置,如图 6-242 所示。

图 6-241　视频素材效果　　　　　　　图 6-242　向右移动视频素材

步骤 15　同时选中两个"位置"属性关键帧,在任意关键帧上右击,在弹出菜单中执行"临时插值>贝塞尔曲线"命令,并对该属性的运动速度曲线进行调整,如图 6-243 所示。单击"项目"面板上的"新建项"图标,在弹出菜单中执行"调整图层"命令,弹出"调整图层"对话框,默认的设置与当前序列的设置相同,如图 6-244 所示。

步骤 16　单击"确定"按钮,新建调整图层,将其拖入"时间轴"面板的 V2 轨道中,调整其持续时间同样为 5 秒,如图 6-245 所示。打开"效果"面板,搜索"线性擦除"效果,为 V2 轨道中的"调整图层"素材应用该效果,如图 6-246 所示。

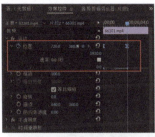 

图 6-243　调整运动速度曲线　　　图 6-244　"调整图层"对话框

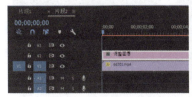 

图 6-245　拖入"调整图层"素材　　　　图 6-246　应用"线性擦除"效果

步骤 17　将时间指示器移至起始位置,打开"效果控件"面板,设置"线性擦除"效果的"擦除角度"为 -75°,"过渡完成"为 100%,并插入"过渡完成"属性关键帧,如图 6-247 所示。将时间指示器移至 1 秒 10 帧的位置,设置"过渡完成"属性值为 0%,效果如图 6-248 所示。

步骤 18　同时选中 V1 轨道和 V2 轨道中的素材,执行"剪辑>嵌套"命令,创建名称为"片段 2-1"的嵌套序列,如图 6-249 所示。在"项目"面板中复制"片段 2-1"序列,将复制得到的序列重命名为

图 6-247　设置属性值并插入　　　图 6-248　设置"过渡完成"
　　　　　　关键帧　　　　　　　　　　属性值效果

"片段 2-2",如图 6-250 所示。

步骤 19 双击"项目"面板中的"片段 2-2"序列,进入该序列的编辑状态,选择 V1 轨道中的素材,打开"效果控件"面板,设置"缩放"属性值为 118,选择"位置"属性的结束关键帧,将其移至 5s 的位置,如图 6-251 所示。选择 V2 轨道中的素材,选择"过渡完成"属性的结束关键帧,将其移至 5s 的位置,如图 6-252 所示。

图 6-249 创建嵌套序列

图 6-250 复制序列并重命名

图 6-251 设置属性值并调整关键帧位置

步骤 20 为 V2 轨道中的素材应用"投影"视频效果,在"效果控件"面板中对该效果的相关属性进行设置,如图 6-253 所示。在"节目"监视器窗口中可以看到应用"投影"视频效果的效果,如图 6-254 所示。

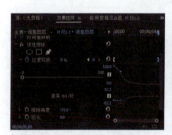
图 6-252 调整关键帧位置

图 6-253 设置"投影"的相关选项

图 6-254 "节目"监视器窗口效果

步骤 21 返回"片段 2"序列的编辑状态中,将"项目"面板中的"片段 2-2"序列拖入 V2 轨道中,如图 6-255 所示。为 V1 轨道中的"片段 2-1"素材应用"高斯模糊"视频效果,在"效果控件"面板中设置"模糊度"属性值为 25,并勾选"重复边缘像素"复选框,效果如图 6-256 所示。

图 6-255 将"片段 2-2"拖入 V2 轨道中

图 6-256 应用"高斯模糊"的效果

步骤 22 为 V1 轨道中的"片段 2-1"素材应用"投影"视频效果,在"效果控件"面板中对该效果的相关属性进行设置,如图 6-257 所示。完成"片段 2"序列的制作,拖动时间指示器,在"节目"监视器窗口中可以看到相应的视频动画效果,如图 6-258 所示。

步骤 23 新建名称为"片段 3"的序列,其选项设置与"片段 1"相同,进入"片段 3"序列的编辑状态,在"项目"面板的空白位置双击,导

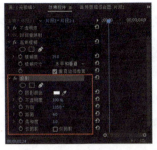

图 6-257 设置"投影"的相关选项　　图 6-258 "节目"监视器窗口效果

入视频素材 66302.mp4 和 66303.mp4,如图 6-259 所示。将"项目"面板中的 66302.mp4 视频素材拖入到"时间轴"面板中的 V1 轨道,调整其持续时长为 3 秒 12 帧,效果如图 6-260 所示。

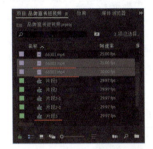

图 6-259 新建序列并导入素材　　　　图 6-260 视频素材效果

步骤 24 将时间指示器移至起始位置,选择 V1 轨道中的 66302.mp4 视频素材,打开"效果控件"面板,设置"缩放"属性值为 115,为"位置"属性插入关键帧,如图 6-261 所示。将时间指示器移至 3 秒 12 帧的位置,在"节目"监视器窗口中将素材水平向右移动位置,同时选中两个"位置"属性关键帧,执行"临时插值 > 贝塞尔曲线"命令,如图 6-262 所示。

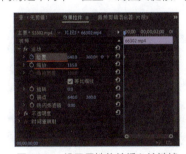
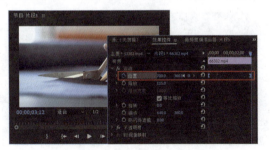

图 6-261 设置属性值并插入关键帧　　图 6-262 将素材水平向右移动位置

步骤 25 将"项目"面板中的 66303.mp4 视频素材拖入到"时间轴"面板中的 V2 轨道,调整其持续时长为 6 秒,效果如图 6-263 所示。将时间指示器移至起始位置,选择 V2 轨道中的 66303.mp4 视频素材,打开"效果控件"面板,设置"缩放"属性值为 110,为"位置"属性插入关键帧,如图 6-264 所示。

步骤 26 将时间指示器移至 3 秒 12 帧的位置,在"节目"监视器窗口中将素材水平向右移动位置,同时选中两个"位置"属性关键帧,执行"临时插值 > 贝塞尔曲线"命令,如图 6-265 所示。将"项目"面板中的"调整图层"素材拖入到"时间轴"面板中的 V3 轨道,调整其持续时长为 6 秒,效果如图 6-266 所示。

图6-263 将视频素材拖入V2轨道中　　图6-264 设置属性值并插入关键帧

图6-265 将素材水平向右移动位置　　图6-266 将"调整图层"拖入V3轨道中

步骤27 选择V3轨道中的"调整图层"素材，为其应用"线性擦除"和"投影"效果，将时间指示器移至0秒08帧的位置，打开"效果控件"面板，分别对"线性擦除"和"投影"效果的相关选项进行设置，并插入"过渡完成"属性关键帧，如图6-267所示。"节目"监视器窗口效果如图6-268所示。

步骤28 将时间指示器移至3秒12帧的位置，设置"过渡完成"属性值为75%，同时选中该属性的两个关键帧，执行"贝塞尔曲线"命令，效果如图6-269所示。同时选中V2和V3轨道中的素材，执行"剪辑>嵌套"命令，创建名称为"片段3-1"的嵌套序列，如图6-270所示。

图6-267 添加效果并设置相关参数　图6-268 "节目"监视器窗口效果　图6-269 "节目"监视器窗口效果

图6-270 创建嵌套序列　　图6-271 将"调整图层"拖入V3轨道中

步骤29 将"项目"面板中的"调整图层"素材拖入到"时间轴"面板中的V3轨道，调整其持续时长为6秒，效果如图6-271所示。选择V3轨道中的"调整图层"素材，为其应用"线性擦除"和"投影"效果,将时间指示器移至起始位置,打开"效果控件"面板,分别对"线性擦除"和"投影"效果的相关选项进行设置,并插入"过渡完成"属性关键帧,如图 6-272 所示。

步骤 30　将时间指示器移至 2 秒的位置,设置"过渡完成"属性值为 0%,同时选中该属性的两个关键帧,执行"贝塞尔曲线"命令,如图 6-273 所示。"节目"监视器窗口效果如图 6-274 所示。

图 6-272　添加效果并设置相关参数　　图 6-273　"效果控件"面板　　图 6-274　"节目"监视器窗口效果

步骤 31　使用相同的制作方法,可以创建"片段 4"至"片段 8"序列,并分别完成各序列中视频片段表现效果的制作,如图 6-275 所示。

("片段 4"序列)　("片段 5"序列)　("片段 6"序列)　("片段 7"序列)　("片段 8"序列)

图 6-275　完成其他片段序列的制作

步骤 32　执行"文件 > 新建 > 序列"命令,弹出"新建序列"对话框,在预设列表中选择"AVCHD"选项中的"AVCHD 720p30"选项,如图 6-276 所示。切换到"轨道"选项卡中,在"音频"选项区中将多余的音频轨道删除,只保留 1 个音频轨道,如图 6-277 所示。单击"确定"按钮,新建名称为"主序列"的序列,并自动进入该序列的编辑状态中。

图 6-276　"新建序列"对话框　　　　　　图 6-277　删除不需要的音频轨道

步骤33 在"项目"面板中将"片段1"序列拖入到"时间轴"面板的V1轨道中，如图6-278所示。在V1轨道中的"片段1"素材上右击，在弹出菜单中执行"取消链接"命令，取消该素材中视频与音频的链接，选择A1轨道中的音频，按键盘上的【Delete】键，将其删除，如图6-279所示。

图6-278 将"片段1"序列拖入V1轨道中　　图6-279 删除"片段1"序列自带的音频

步骤34 将时间指示器移至3秒的位置，在"项目"面板中将"片段2"序列拖入到"时间轴"面板的V2轨道中，调整该素材从3秒开始，并删除该素材的音频，如图6-280所示。将时间指示器移至6秒的位置，在"项目"面板中将"片段3"序列拖入到"时间轴"面板的V3轨道中，调整该素材从6秒开始，并删除该素材的音频，如图6-281所示。

图6-280 将"片段2"序列拖入V2轨道中　　图6-281 将"片段3"序列拖入V3轨道中

步骤35 在"时间轴"面板的轨道名称空白位置右击，在弹出菜单中执行"添加轨道"命令，如图6-282所示。弹出"添加轨道"对话框，这里我们需要添加的是视频轨道，对相关选项进行设置，如图6-283所示。

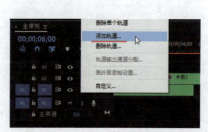 

图6-282 执行"添加轨道"命令　　图6-283 设置"添加轨道"对话框

步骤36 单击"确定"按钮，完成"添加轨道"对话框的设置，在"时间轴"面板中添加多个视频轨道，如图6-284所示。分别在V4至V8轨道中放置"片段4"至"片段8"序列，每个轨道中的素材间隔3秒，如图6-285所示。

图 6-284 添加多个视频轨道

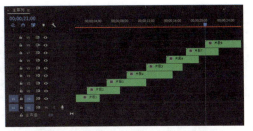
图 6-285 分别在各视频轨道中放置素材

步骤 37 将时间指示器移至起始位置,在"项目"面板中将 line.mp4 视频素材拖入到"时间轴"面板的 V9 轨道中,并对其进行裁剪,使其时长与视频轨道中的其他素材相同,如图 6-286 所示。打开"效果控件"面板,设置其"混合模式"为"滤色","不透明度"为 0%,并插入"不透明度"属性关键帧,如图 6-287 所示。

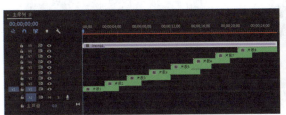
图 6-286 拖入素材并裁剪

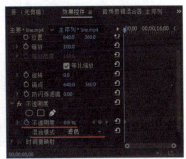
图 6-287 设置属性值并插入属性关键帧

步骤 38 将时间指示器移至 1 秒 05 帧的位置,设置"不透明度"属性值为 30%,自动在当前位置添加关键帧,如图 6-288 所示。在"项目"面板的空白位置双击,导入准备好的背景音乐素材 bgm.wma,如图 6-289 所示。

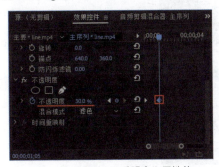
图 6-288 设置"不透明度"属性值

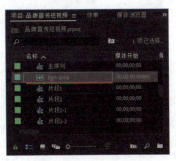
图 6-289 导入音频素材

步骤 39 将导入的背景音乐素材拖入到"时间轴"面板中的 A1 轨道中,如图 6-290 所示。选择 A1 轨道中的音频素材,向左拖动该音频素材的右侧对其进行裁剪,使音频素材的长度与视频轨道中的视频素材相同,如图 6-291 所示。

图 6-290 将音频素材拖入到 A1 轨道中　　图 6-291 对音频素材进行裁剪

步骤 40　在"效果"面板中的搜索栏中输入"指数淡化",快速找到"指数淡化"效果,如图 6-292 所示。将"指数淡化"效果拖入到 A1 轨道中的音频素材结束的位置,为其应用该效果,如图 6-293 所示。

 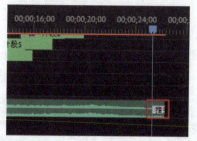

图 6-292 搜索"指数淡化"效果　　图 6-293 将"指数淡化"效果拖至音频结束位置

步骤 41　选择"节目"监视器窗口,执行"文件 > 导出 > 媒体"命令,弹出"导出设置"对话框,在"格式"下拉列表中选择 H.264 选项,单击"输入名称"选项后的文字,设置输出的文件名称和位置,如图 6-294 所示。单击"导出"按钮,即可按照设置将项目文件导出为相应的视频,如图 6-295 所示。

图 6-294 设置"导出设置"对话框　　图 6-295 导出视频文件

步骤 42　完成品牌形象宣传短视频的制作和输出,可以使用视频播放器观看该运动短视频的效果,如图 6-296 所示。

图 6-296 观看品牌宣传短视频的最终效果

6.7 本章小结

完成本章内容的学习,读者应该能够掌握 Premiere 的基本操作方法,在 Premiere 中为素材添加各种视频效果和视频过渡效果,以及字幕的添加和处理方法,灵活地应用 Premiere 中的各种效果,制作出独一无二的短视频。

第 7 章
电商直播营销

网络直播能够让观众随着直播的镜头，进入另一个空间，往往是观众之前从来没能进入的空间。直播的镜头，因为没有经过精心的剪辑，也没有特意进行二次修改，所以呈现出来的是"更真实"的一面。通过网络直播这个虚拟的窗口，可能会窥视到更真实的世界，这是网络直播的魅力所在，也是近一年来其产业呈现爆发式增长，站在风口上的原因。

本章将向读者介绍有关电商直播的相关知识，包括直播的概念、电商直播营销的特点和问题、电商直播营销策略、直播前的准备工作、直播间视觉设计和直播间灯光设计等相关内容，使读者能够对电商直播与直播间设计有更深入的认识和理解。

7.1 了解电商直播

以微博、微信为代表的新媒体出现以后，传播方式发生了极大的改变，受众由最初的单方面接收信息转变为双向沟通。这种新的传播方式的出现，拉近了人与人之间的距离，让通信变得更加方便。同时，网络直播平台的出现，更加增加了互动性。由于在网络直播平台受众可以直接向主播提问，主播即时回答，使传播者与受众相互影响、相互融合，确立了一种全新的互动式传播方式。

7.1.1 什么是直播平台

网络直播平台，广义上可以分为视频直播、文字直播、语音直播。随着移动互联网和网络直播的发展，大多数情况下是指视频直播。网络直播平台的本质是用户生产内容（UGC），通过主播直播娱乐、商业内容，辅之弹幕系统沟通，实现和观众实时双向交流，是一种新载体上的新模式。

目前我国市场上有 200 多家在线直播平台，观看网络直播的人数也在日益增长。例如，淘宝直播平台，属于典型的电子商务直播平台，与其他网络直播平台相比，更加具有营销特征。图 7-1 所示为电商平台直播截图。

图 7-1　电商平台直播截图

网络直播平台最早起源于 20 世纪 90 年代末的社交类视频直播间，2000 年之后，由于游戏产业的兴起引发网络直播游戏的热潮，进而促进了平台自身的发展。目前，无论是游戏、达人才艺表演、教做饭、汽车评测、新闻发布会、网络购物，几乎所有内容都可以在直播平台上找到踪影。

7.1.2 电商直播的崛起

电商一直以来都有两个痛点：第一，真实性存疑。传统的静态图片、视频展示可以后期加工而缺乏真实性，不利于用户的购物决策。如买衣服、买化妆品，用户需要更全面地了解才能决定。直播电商的出现则确保你看到的视频未经"修图"，保证了它的真实性；通过主播们的讲解示范、回答问题这类互动形式，同时解决了"讲解"这个导购问题。第二，电商互动性差。消费水平升级的今天，人们已经不满足于"物美价廉"，对购物的乐趣越来越看重，购物成为一种社交行为和生活方式，在购物之后往往会聚餐、看电影。直播是即时互动的，你可以向主播提问，还可以跟看直播商家一起通过弹幕等方式交流，所以直播电商增加了一些社交属性。

对于商家来说，直播的好处是显而易见的。通过直播，召集一定数量的潜在用户一起观看讲解，等于售前服务从"一对一"到"一对多"，减轻了售前咨询的负担；直播有叫卖和促销效果，在吸引关注的同时可提高销售效率；通过聚集人气营造团购氛围可提高转化效率。某电商直播平台负责人也表示，在直播平台上已经出现了大学生主播月收入轻松过万元，此前漫长的店铺升级之路，现在美妆主播从零开始一个半月做到钻级店铺的现象。电商分为两大类：第一类是直营电商，境内外商品由电商自己采购；第二类是开放平台，卖家在平台上面入驻开店。目前电商直播的主要成本在带宽成本和人力成本上，而直播对开放平台电商更有优势，成本相对直营会低很多。

7.2 电商直播的特点和问题

电商直播是近几年火爆的产品营销方向。电商平台利用自身平台和流量优势，为商家提供直播渠道，直播内容基本都是介绍和售卖折扣商品、宣传品牌，盈利模式也从刷礼物变成了卖东西，如"京东 618 生鲜节"直播、"双 11 购物狂欢节"直播，其代表为天猫、淘宝、京东等头部电商平台的直播。

7.2.1 电商直播的特点

电商网络直播营销增加了传统电商的真实性，图片和售后评价已经不能满足用户对品牌的考量，真实性和对产品本身的探知是促使"网络直播 + 电商模式"迅速发展的原因。这种产品、服务的展示形式更加立体、生动、真实，与其他的海报或产品宣传片形式相比，网络直播的形式更加简单直接，是最接近真实的一种表达方式，推动品牌从产品引导购买转向内容消费。

例如，天猫与映客达成独家战略合作，映客为天猫组织 50 场直播，并分享 50 亿天猫红包，其中比较有代表性的活动有"双 11 全球狂欢节最红主播等你来狂欢"，很多用户关注了"双 11"活动或品牌，很多映客平台的直播达人直接化导购，使双 11 节日氛围异常浓厚，带来大量流量。网络直播平台已然成为各大电商平台获取流量的入口。

网络直播活动不只是一个品牌的狂欢，还可以开启"品牌 + 品牌"的战略合作模式，使营销活动规模扩大化，实现营销效果的最大化。网络直播营销不仅是一种创新的营销方式，它以全新的方式颠覆着电商行业的发展形态。对于网络直播营销来说，其特点分为以下几个方面。

1. 跨时空性

网络直播拉近了人们之间的距离，从最早的贴吧论坛到博客、微博、微信，再到今天的网络直播，网络媒体带给人最大的震撼就是不断突破着时空的界限，传播速度越来越快，传播手段越来越多样化、可视化，形式越来越丰富，更能跨越时空的障碍。基于网络技术手段的飞速发展，网络直播媒介突破了时空的界限，实现了实时在线展示。尤其是无线网络技术突飞猛进的发展，使高质量、高清晰度的视频信号传播成为可能，时空适应性更强，极大地满足了用户随时随地接收信息的需求。

2. 互动性

电商网络直播用户可以发弹幕，可以转发评论，与"主播"直接沟通。这一形式能有效解决用户的疑问，增加下单量，减少退换量。网络直播的互动具有真实性、立体性，参与感被发挥到了极致。网络直播营销突破了传统大众媒介的单向式传播，实时的双向互动传播成为可能。网络直播不仅使用户与用户之间的平等沟通交流成为可能。还搭建了传播者与接收者信息的实时双向流动。文字、图片虽然也能传递信息，但是这种信息是单调的、隐藏的，相比语言更难理解。通过网络直播可以实现信息的同步，全方位展示活动场景，增强了用户的场景融入感和身临其境感，提升了用户的参与度，活跃了用户的积极性，增加了用户的冲动购物。同时，用户通过观看直播能够有效提升对品牌和产品的认知，提高商品和商家的可信度，最终实现品牌营销目的。

3. 精准性

随着移动互联网和智能手机的普及，随播随走的网络直播模式被大范围推广开来，网络直播的内容形象、立体、生动，用户理解、进入的门槛低，使网络直播迅速积聚了大批用户。以电商直播平台——淘宝直播为例，用户逛淘宝的目的在于购物，因此人们会带着不同的目的进行搜索，而观看某一项直播是用户自动选择的结果，其选择肯定与其目的性相吻合，保证了直播营销的高度精准性。

4. 共鸣性

从文字、图片、视频，最后到网络直播，其表达的感染力不断增强。网络直播相比其他媒体平台更能激发用户的情绪，使用户沉浸于传播的内容中，这种体验感可加强用户对企业和产品或服务的印象，并在这种情绪的带动下不自觉地产生购买行为。在互联网环境中，碎片化、去中心化使人们的情感交流越来越少，人们渴望沟通却又怯于去表达，而网络直播能够把一批相同志趣的人聚集起来，凭借共同的爱好，使情感达到高度的统一和共鸣。品牌营销活动如果在这种氛围下适当地给予引导和激励，必定在很大程度上达成营销目标。

5. 即时性

提起即时性，我们都会想到社会上的重点突发事件，但随着手机和移动互联网的普及，直播已经成为随时、随地、随心发布的一种表达方式。那么直播的即时性能够解决企业的哪些问题呢？

我们都知道，比如苹果、小米、OPPO的新品发布、"罗辑思维"的跨年演讲、特许经营企业的招商会，企业在前期都会花费很大的人力、物力来宣传造势，给大家制造期待感（悬念）。然后把企业的用户聚集在一个时刻，通过现场的渲染，打造爆点、燃点来引起现场及直播观众的共鸣。用户期待的这一时刻就具有了即时性，有助于打造成功的直播营销。

7.2.2 电商直播存在的问题

虽然目前直播平台在我国的发展态势良好，但整个行业尚未成熟，仍然存在不少问题。

从大环境来看，科技巨头争相注入巨额资金带来了泡沫性繁荣，各平台数据频频造假，且屡禁不止。另外，作为一个新兴行业，在线直播平台的运作在法律方面还不够完善，同时营销模式相对单一和品牌意识等的缺乏也使得网络直播营销存在较大问题。

1. 营销模式单一

网络直播平台竞争性非常大，网络直播的竞争同样也非常大。各主播都在人们上网最集中的时间开通直播。直播内容非常丰富，人们的注意力很容易被分散，用户选择不同直播内容的成本非常低，只要轻轻滑动就可以切换。因此只有优质的内容才能吸引用户的关注度。要想获得持续关注，应围绕产品或服务的特性和优势精心筹划内容，同时保持与企业文化和形象一致，避免哗众取宠、华而不实的价值导向扭曲品牌形象。网络直播营销不同于其他营销，从本质上来说，网络直播营销是一种用户主动选择的行为，而非强硬掠夺用户的注意力。这种主动亲近、自发互动的方式更需要品牌方投入更多的思考，生产受用户喜欢的传播内容和活动形式。

无论是通过情感的渲染还是借助娱乐手法的传递，都需要高质量的内容作为基础和依托。高质量的内容不仅具有较高的传播价值，还能够引发用户深层次的思考和想象，引发情感共鸣。只有这样，才能让用户自发认可品牌的形象和价值，并愿意作为传播者去帮助品牌进行二次传播。网络直播只是一个传播的手段，传播内容才是根本。现在很多品牌看到网络直播红利，便纷纷涌进，但却缺乏有效的思考和沉淀，单纯地模仿他人，或者搬用简单粗暴的传统"电视购物"形式，这样不仅对品牌传播无益，无法持续吸引用户注意力，还有可能使品牌形象受到损害。

2. 缺乏深度融合

电商网络直播营销具有跨时空性，一场成功的直播营销能轻松获得千万级的关注，销售转化率惊人。但是在看到电商网络直播成功案例的同时，也要考虑许多不成功的案例，例如在品牌营销过程中，并没有把网络直播形式与品牌巧妙结合。网络直播脱胎于秀场模式，不乏带有秀场模式的基因，如果单纯认为网络直播营销只是主播与用户聊聊天唱唱歌，或者只是对活动现场的情景实时再现，就可以获得很好的传播效果和转化率，是不太现实的。

很多网络直播营销活动邀请明星大咖参与，但只是直播他们在化妆间、参与活动现场的场面等，这种网络直播缺乏自我品牌的塑造力，没有好的营销策划方案，没有考虑到如何与用户深入沟通，没有实现品牌的差异化展示，即使邀请了出场费最贵的明星也只徒增品牌营销的成本，用户并没有形成对品牌的辨识度，尤其是内容的同质化，导致了企业的品牌个性特色不突出。

3. 难以持续关注

直播营销相比微博、微信营销，占用用户的时间较长。微博文字、图片内容简短，浏览只需几秒。同样微信占用的时间也相对较短，并且用户可以自主选择跳过一些内容。但是，直播营销所占用的时间较长，稍不留神就会忽略一些信息，最主要的是用户难以预测主要内容及重点内容在什么时间播出，用户需要持久的注意力，但是这一点很难做到。另外用户选择直播间的成本很低，因此网络直播营销的用户忠诚度较低。

同时，大多数用户选择微信、微博、直播的原因都是打发时间，难以预留长时间关注。一旦网络直播的内容不太符合用户的审美，就有可能失去一大批用户。所以，网络直播营销的用户黏性很低。因此网络直播内容一定要高质量，所邀请的明星要足够有影响力，值得用户期待。同时要与用户进行深层的互动，让其全身心融入直播活动中，并自发为其传播，这些是网络直播营销的关键因素。因此，网络直播营销的成功与否关键在于用户的黏性大小。只有获得用户的认可才能将营销成功转化，实现品牌营销的目的。

4. 主播素质偏低

根据新浪微博对直播行业的调查显示，女性主播明显高于男性，"95后""90后"是主力。观看网络直播的用户也以"90后"人群为主，男性高于女性。偏低的年龄群体，对自身的管控和约束力还不够，很容易引发内容的不可控。并且由于目前法律法规和监管的不到位，使得迅速发展的网络直播存在许多问题，如涉黄丑闻、道德丑闻等。并且网络主播普遍学历较低，一部分主播的文化素养与品质令受众难以接受。在直播市场，主播薪水成倍增长，巨额金钱导致许多主播自我膨胀，丑闻事件在所难免。这些现象都为品牌营销带来难以估量的影响，甚至会对网络直播风气造成极其恶劣的影响。因此，各大直播平台需要发掘素质较好又有人气的主播。

> **小贴士**：直播行业炙手可热，是互联网经济的风口，为了避免野蛮生长，为行业健康、长远发展护航，国家相继出台了多部法律法规规范直播行业。
>
> 2020年11月6日，国家市场监督管理总局印发《关于加强网络直播营销活动监管的指导意见》；2020年6月24日，中国广告协会发布了《网络直播营销行为规范》；2020年5月18日，由中国商业联合会媒体购物专业委员会牵头起草制定行业内首部全国性社团标准《视频直播购物运营和服务基本规范》并出台了相关征求意见稿。

7.3 电商直播准备

成功是奋斗者才享有的权利，每个行业都是一样的。

7.3.1 直播间规范

严禁直播《中华人民共和国宪法》《全国人大常委会关于维护互联网安全的决定》《互联网信息服务管理办法》《互联网站禁止传播淫秽、色情等不良信息自律规范》所明文严禁的信息以及其他法律法规明文禁止传播的各类信息；严禁直播违反国家法律法规、侵犯他人合法权益的内容。

7.3.2 直播前的准备

准备好封面图、标题、内容简介、主打商品。

1. 封面图

内容需简明扼要，可以是主播照片或与主题相关的内容，最适宜放上主播自己的美图，不宜空置大面积白色背景图。图7-2所示为直播封面图效果。

图7-2　直播封面图效果

2. 直播标题

由于直播平台对于标题的可显字数不同，但大部分平台超过一定字数，后面的文字就变为"……"，所以字数应控制在12个字以内，内容亮点和平台浮现权益两者都不能少。图7-3所示为直播标题效果。

3. 内容简介

主要是本场直播的主播、粉丝福利、流程、特色场景文案及主播的自我介绍、主打商品的亮点等，需要具有较强的吸引性。

4. 主打商品

主打商品要选择性价比高的商品。图7-4所示为突出性价比的主打商品。

> 小贴士：标题和封面图是粉丝第一眼看到的，因此封面图、标题、内容简介、主打商品要有统一的设计。

图 7-3　直播标题效果

图 7-4　突出性价比的主打商品

7.3.3　直播间注意事项

1. 直播封面

- 必须与主播直播间真实形象保持一致，不得出现任何文字（拍照背景也不要出现文字）；
- 不得出现 Logo 或者二维码；
- 不得出现大面积黑色图；
- 不得出现拼图；
- 注意比例。

2. 直播画质

人脸要立体，能看清商品细节，光线明亮，不模糊。

3. 第一视角

主播直面观众，构图完整，最好有固定人员作为控场。

4. 拍摄镜头

镜头或手机不能抖动，要持续稳定（室外需尤其注意）。

5. 背景布置

简单、明了、大气、不抢镜，采用聚焦观众注意力的环境设计。

6. 现场声音
主播声音传达清楚，不要有嘈杂声音，室外直播需尤其注意。

7. 网络信号
使用较好的网络，保持网速稳定，不卡顿（否则会影响交易），室外直播不去信号弱的地方（如电梯间、地下），大型现场要自架专线。

8. 手机端
需下载淘宝联盟和旺信等各大直播平台的 App。

9. 避免出现常见违规案例

7.4 电商直播间设计

随着 5G 时代的来临，直播间竞争将会更加激烈与残酷。商家想在这场混战中站稳脚跟甚至领先，直播间装修精细化、精致化是必然趋势。直播间视觉设计的重点在于布景、画面比例、色彩和明亮度，这 4 个方面决定了整个直播间视觉的质感和高级程度。本节将向大家介绍有关直播间视觉设计的相关知识。

7.4.1 直播间装饰

靓丽有特色的直播间设计是商业直播的形象门面，下面通过多个设计纬度详细解析。

1. 移步换景设计

直播间的背景设计不能单一不变，因此如何将背景设计做到既固定又有变化，这就需要充分利用背景的平面结构。设置几层或多层来达到立体及平面变化的效果，就如苏州园林中以月为门的设计，借门取景，将园林景色镶嵌于月洞门中，犹如在月盘之上绘自然风景，反映了古人诗情画意的生活。同样可借用圆、方、菱形等形状构成前景，调换不同的背景，形成新的意境达到不同的效果。同时还可以利用不同色彩的窗帘与墙面的组合，设计新的背景构图等，如图 7-5 所示。

图 7-5　出色的直播间背景构图

2. 大面积墙面混搭设计

如果背景墙面积较大，无论是横向还是纵向，都可以充分利用。大气的背景墙应该避免单调，可以使用 2 至 3 种不同材料来打造，比如大理石、玻璃、实木贴面、壁布等。另外，在墙面造型的设计上可以略有层次感，寥寥几笔勾勒就能让这面墙生动起来，如图 7-6 所示。

图 7-6　大面积墙面混搭设计

3. 实用型墙面多做装饰柜

将墙面做成装饰柜是当下比较流行的直播间装饰手法。装饰柜可以是敞开式的，也可以是封闭式的，但体积不宜太大，否则会显得厚重而拥挤。要突出个性，甚至在装饰柜门上挂各种装饰或衣服，都是一种独特的装饰手法，如图 7-7 所示。

4. 灵活搭配的纹饰面板

纹饰面板在装饰过程中应用非常广泛，将它用作直播间背景墙的人也越来越多，因为其花色品种繁多，价格经济实惠，不易与其他木质材料发生冲突，可更好地搭配，形成统一的装修风格，清洁起来也非常方便，如图 7-8 所示。

图 7-7　将背景墙做成装饰柜进行装饰　　　　　图 7-8　使用纹饰面板作为背景装饰

5. 玻璃、金属装饰体现现代感

采用玻璃与金属材料做背景墙，能够给直播间带来很强的现代感，因此是常用的背景墙材料。虽然成本不高，但是施工难度较大，可以考虑适当地镶嵌一些金属线，效果也不错，如图 7-9 所示。

6. 多姿多彩的墙纸、壁布

走进卖场中墙纸、壁布的展示区，许多人都会被其鲜艳的色彩、漂亮的花纹深深地吸引。近年来，无论是墙纸还是壁布，加工工艺都有很大进步，不仅更加环保，还有遮盖力强的优点。用它们做背景墙，能起到很好的点缀效果，而且施工简单，更换起来也非常方便。图 7-10 所示为使用墙纸作为直播间背景的效果。

图 7-9　在背景中应用金属装饰

7. 艺术喷涂营造变幻的效果

油漆的色彩非常丰富，有创意的设计师可以巧妙地利用这种特性，设计出许多富有特色的直播间背景墙。油漆、艺术喷涂的原理很简单，就是在背景墙上喷涂不同颜色的油漆形成对比，打破背景墙面的单调感。当然，色彩也不宜过于鲜艳，在搭配上一定要注意与直播产品协调，否则会喧宾夺主。图 7-11 所示为使用艺术喷涂作为直播间背景的效果。

图 7-10　在背景中应用墙纸和壁布装饰　　　　　图 7-11　艺术喷涂作为直播间背景

8. 装饰品充当背景墙

如果找不到满意的直播背景墙材料，还可以在直播墙区域设置一些空间，用来摆放自己喜爱的装饰品。这样一来，不仅可以扩大选择余地，而且随时可以替换，简单却不失品位。但是要特别注意灯光的布置必须得当，用来突出局部照明的灯光不能太亮否则可能会影响直播收看效果。图 7-12 所示为在直播间背景中摆放装饰品,丰富直播间背景表现效果。

9. 绿幕背景

许多直播平台对直播间的要求是比较高的,如果直播间背景难以做到简洁的话,还可以试试直播平台所提供的虚拟背景功能。

如果想使用直播平台的虚拟背景功能,则直播的背景需要采用专业绿幕,也就是 100% 细洋纱面料,它的吸光效果很好,并能保持干净;或者使用染料,乳胶质地也能够吸收光线不反光。

在使用绿幕作为直播间背景时,一定要注意以下几个方面。

图 7-12 在直播间背景中放置装饰品

(1)无论是哪种材料的绿幕背景,千万要避免过多褶皱,不要有暗角;

(2)照射在绿幕的灯光要均匀,否则会造成阴影,导致背景无法去除干净;

(3)主播尽量不要过于靠近绿幕,要保持一定距离,以绿幕上无影子为准;

(4)不要穿绿色、黄色、亮蓝色、半透明的衣服(比如纱裙),不要摆放绿色、黄色、亮蓝色或半透明的物品,不要佩戴和摆放反光的饰品或物品;

(5)避免人物与物品快速移动。

7.4.2 直播间风格

对于一个顾客或粉丝来说,进入直播间第一眼看到的就是整体的效果是否能吸引眼球,因此直播间布置的风格变得尤为重要。

简单、精致又具有特色是直播间设计的重点,尤其是没有大资金的小主播。所以如何做到既简单又精致、高端的直播间风格,是主播花样吸粉、做好直播的要素之一。

1. 直播间风格把握

直播间的风格设计,主要是看主播人设风格及产品风格,或者是主播比较喜欢什么样的风格,直播间便可以设计布置成什么样子(只要色彩协调即可),直播间有欧式、现代、韩式、美式、中式等各种各样的风格。关键是直播间细节的处理,不起眼的某一处角落的设计,说不定就是粉丝喜爱的情结。比如可以添置一些绿植或是当地特色的物件,如图 7-13 所示。

图 7-13 在直播间背景中添置适当装饰

2. 简约风格背景设计

如果直播间背景是粉刷成白色的墙,以干净、明亮、风格简洁的墙纸打造完美直播间是一个不错的选择。选择浅色的墙纸使直播间看上去小清新又很明亮,能够鲜明地突出主播的主持风格。还可根据主播的喜好选购各色墙纸,切记不要选过于个性或花哨的墙纸,否则会降低主播的气质,同时会混淆主播介绍的产品主题色。图 7-14 所示为简约背景直播间设计。

图 7-14　简约背景的直播间设计

7.4.3　直播间色彩

当消费者进入直播间，色彩会先入为主地影响用户认知，形成主观印象，重要性可见一斑。色彩的运用要为特定目标服务，不能仅凭个人喜恶。

选择正确的色彩色调，有助于直播间传递产品信息，与用户产生情感共鸣。而直播间色彩与色调的选择，需要基于产品内涵、产品定位、差异化策略以及结合时尚文化来确定。以下选色方法可供参考。

1. 色彩选择

（1）使用品牌色

不管是基于品牌传播、市场营销还是视觉美学角度，用品牌色装修直播间都是最佳的选择。使用品牌色既可以巩固、提升品牌及其产品在消费者心中的形象，可以做到差异化营销，同时，也最能够表达直播间的产品定位和情感态度。

图 7-15 所示的直播间装修色调都是由品牌色延展而来，使人容易产生品牌联想，通过色彩给消费者传递了品质、信任的直播间形象和心智认知。图 7-16 所示的直播间装修色彩选择与品牌色相差甚远，直接导致消费者对店铺的信任感降低。

图 7-15　使用品牌色作为直播间主色调　　图 7-16　没有使用品牌色作为主色调

（2）使用商品色

商品与直播间是一个整体，两者相辅相成。根据商品颜色结合店铺形象定位，来选择匹配的色彩统一设计，能让直播间呈现出整体、协调、舒适的心理感受，并传达给消费者一定的正向的心智认知。

图 7-17 所示以商品色结合店铺定位装修直播间的典型案例，左一、左二传达出古风、和谐的形象认知；左三传达出温馨、舒适的形象认知；右一传达出自然、有机的形象认知。

（3）使用品类色

选择与店铺品类相符的颜色，也能够为直播间营造整体协调的感知，且选色贴合商品类目，有利于传达商品信息和提高商品认可度。图 7-18 所示为不同品类直播间适合的色彩选择建议。

图 7-17　使用商品色作为直播间主色调

（活动促销/嫁娶喜品）　（食品饮料/户外运动）　（儿童用品/快消品类）

（母婴亲子/婚恋节日）　（数码电器/科技品类）　（高端家纺/奢侈品类）　（医疗保健/果蔬苗木）

图 7-18　不同品类直播间适合的色彩选择建议

　　嫁娶喜品/活动促销：选择红色。红色热情、刺激性强，是我国传统的喜庆色彩。适用于嫁娶喜品、珠宝配饰、美容化妆品和活动促销。

　　食品饮料/户外活动：选择橙色。橙色温暖，有健康、活力、勇敢、自由等象征意义。橙色和很多食物颜色相似，最易引起食欲，所以适用于食品、家居、运动时尚、儿童玩具等品类。

　　儿童用品/快消品类：选择黄色。黄色娇嫩，给人明亮、灿烂、愉快、柔和的印象，也易引起味觉条件反射，适用于儿童用品、食品快消、艺术类的直播间装修。

　　母婴亲子/婚恋节日：粉红粉蓝。粉红粉蓝温柔纯净，给人安全温馨、柔和舒缓、甜蜜幸福的感觉。适合母婴亲子、婚恋品类。

　　数码电器/科技品类：选择蓝色。蓝色理智，给人清新、舒畅、沉稳、信任的感觉，同时还能表现出和平、淡雅、洁净、可靠的内涵，适用于数码电器、科技品类。

　　奢侈品类/高端家纺：选择紫色。紫色给人优雅、高贵、神秘的感觉，适用于婚恋用品、珠宝配饰、高端家纺、奢侈品类。

　　医疗保健/果蔬苗木：蓝绿色。湖蓝和绿色给人平静、安全、新鲜、自然的感觉，适合医疗保健、果蔬苗木品类。

　　（4）使用活动色

　　直播间装修除了商品本身，还应该根据季节、节日、活动主题及时更换，既可以增添节日氛围，助力营销，又可以避免用户视觉疲劳，增添新意。

　　例如：春节和元宵节选择红色系，热闹喜庆。情人节和女王节选择玫粉色、玫紫色，温柔浪漫、高贵典雅。清明节、端午节、开学季选择绿色、青色，清新活力、充满生命力和希望。中秋节和重阳节选择黄色、金色，是秋季的颜色，象征着温暖和丰收。圣诞节选择绿色、红色、金色，蕴含着欢乐美好的精神内核。

图7-19所示为以活动色作为搭配的直播间设计案例：左一使用玫紫色搭配，表现出女王节氛围；左二使用墨绿色搭配表现初春氛围；右侧使用红色与绿色搭配，表现出圣诞节氛围。

图7-19　使用活动色进行直播间配色设计

2. 色调的选择

色调选择取决于商品的内涵，以及直播间想要给观众传达怎样的感受和认知，它决定了直播间的整体风格，选择和布控也需要遵循整体协调匹配的基本原则。图7-20所示为PCCS（Practical Color Co-ordinate System）色调示意图。

根据PCCS色调示意图对色调的定义，色调选择与商品品类的建议如下。

母婴/婚恋/个护品类：适合淡色调和浅色调。温柔梦幻，轻盈柔和。

儿童用品/食品饮料/厨具/医疗：适合亮色调和纯色调。轻快活泼，明亮干净。

图7-20　PCCS色调示意图

床品家纺/内衣品类：适合浅灰色调、柔色调。温柔纯净，安全温馨。

高端轻奢/男装/数码：适合灰色调、浊色调、暗色调。沉稳大气，低调内涵。

图7-21所示的直播间设计案例，从左至右依次为浅色调、亮纯色调、轻柔色调和暗灰色调。

图7-21　不同色调的直播间设计

> **小贴士**：了解色彩色调的性格特点，充分利用以装修直播间，能做到不言而喻地传达意义和彰显态度，进而影响用户的情绪感受和行为。

3. 如何搭配好直播间色彩

消费者在观看一个配色舒适的直播间时，会觉得是视觉享受，停留时间更长，成交概率相应更大。一个高质量的直播间装修配色设计，前景如直播间贴片、广告，中景如主播、商品、设备，背景如背景墙布置等，所有会呈现给用户看到的物体都应纳入考量范围，精心配色。

图 7-22 所示为某品牌化妆品直播间设计，其在日常、小型促销、大型促销活动等不同时期段配色也不相同，但单一时期直播间贴片、商品、主播着装、背景墙点缀颜色都高度一致，采用明亮浅色作为背景色，使得文字、主播和商品信息突出，阅读性强，感官体验清新愉悦，这就属于高质量直播间装修配色。

图 7-22　某品牌化妆品不同时期的直播间设计

要做到合理配色，有以下 3 个方面需要注意。

（1）颜色控制在 3 种以内

直播间颜色尽量控制在 3 种色相以内，超过 3 种易使人眼花缭乱，视觉神经的过度刺激导致人心烦意乱，无法长时间观看，同时直播主题也难以突显，失去主次。

（2）有明确的主色和配色

主色确定后，辅助色、点缀色都会围绕主色来选择和搭配，有助于建立更美观恰当的直播间形象。常用的色彩搭配黄金法则为 6∶3∶1，即在一个界面中主色占 60%、辅助色占 30%、点缀色或强调色占 10%。主色渲染氛围，辅助色平衡画面、衬托主色，点缀色则是用来提升设计层次、画龙点睛。

图 7-23 所示的直播间设计，直播场景是以蓝色作为主色调，搭配该品牌超市场景实拍图片作为直播背景，与该品牌形象统一，具有很好的带入感。直播界面中的主题、商品等信息都使用红橙色作为背景色，与直播场景的色彩形成对比，配色明确，信息突出。

（3）整体协调，局部对比

直播间装修色彩搭配需要做到整体协调，在整体协调的基础上可以设计局部对比。前者让整体界面稳定舒适、和谐统一，后者可以使界面重点突出，丰富耐看、生动活泼。常见的对比有：深色和浅色对比搭配、冷色与暖色对比搭配、有彩色与无彩色对比搭配。

图 7-24 所示的直播间设计，蓝色的纯色背景自然、简洁，背景与人物手部和戒指产品形成色彩的对比，有效突出人物手部和手上戒指产品的表现；图 7-25 所示的直播间设计，白色的砖墙背景有效突出界面中主题和商品的表现。

图 7-23　明确的主色与配色设计　　　图 7-24　对比配色设计　　　图 7-25　对比配色设计

色彩是一种无声而又有效的沟通手段，能够很自然地影响消费者的心理和行为，正确恰当地使用色彩可以帮助商家提高直播间竞争力。强调直播间用色考虑和谐统一、舒适美观之外，还应明确战术性目标和考虑差异性特色。因此，商家需要系统分析自己的商品定位和目标受众心理喜好，找到适合自己且用户乐见的色彩，有意识地延续下去，积累信任和好感。

7.5 电商直播间灯光设计

直播间灯光照明与摄像有着密切的关系（即画面中的场景、人物、色彩还原准确和逼真，且三维效果显著）。照明技术的好坏是高质量直播制作的关键。直播间灯光的影响因素包括主光源与辅光源、背光源与轮廓光以及装饰光的位置、角度和强度等，这些对直播画面将产生很大的影响。商业直播按照直播地点划分，可以分为室内直播和室外直播，灯光设计对于室内直播间尤其重要。在网络直播间的环境布置中，除了对直播间的背景、物品摆放有要求外，直播间灯光的设置也是重要因素。有的网络直播新人对此没有认识，单纯地认为随意找个房间，打开日光灯直播就行了，但是网友在进入她的直播间后，在日光灯的照射下，会暴露主播面部的某些缺陷，降低美感，缺乏对顾客的吸引力。

7.5.1 灯光主体规划

灯光最主要的目的是达到通亮，特别是服饰类的商家更要注重这点。注意衣服的色差很重要，色差过大是非常致命的。因此灯光不要有过多色温，做到通亮即可，这样会减少色差，要把货品的质感和真实度通过直播的方式展示给粉丝。

灯光除了通亮还需做到无影，有影就说明灯光打得不均匀，这会出现一些情况，比如上身亮下身不亮，或者是上下身灯光不协调。在做直播前，一定要多调试灯光，把灯光调整到最佳的状态，这样就能够很好地提升用户的在线体验。还要注意整个直播间的画面结构，在做摄像机摆位的时候要充分考虑主播不同站位所产生的画面，让画面结构尽可能接近黄金比例，这也能够让粉丝把看直播的重点放在货品以及促销活动上。

为了区分拍摄主体人物和灯光的位置，以及摄像机的位置。我们把主体人物、灯光及摄像机位置用钟表表盘作形象化说明。主体人物位于表盘的中心位置，摄像机放在中心位置的正前方位置，即6点钟的位置。通常作为主光源的灯应布置在稍微靠近摄像机的一侧，即在摄像机左侧7、8点钟的位置或右侧4、5点钟的位置之间，然后将主光源升高到高于主体人物30°至40°的位置，这一位置将在面部产生少量的阴影，使主体人物更具立体感。主光源高度要足够高，使它高于主体视平线，但又不宜过高，过高会使眼睛下方产生较多的阴影。直播间主播上方可以安装顶灯，一般有日字形、十字形、丰字形顶灯，光线要明亮，最好选择现在流行的 LED 灯，其具有光线明亮、瓦数小、节能的优点（48 瓦以上）。通过柔光灯和顶灯的搭配，能让主播们充分展示自己的美感，在通亮的灯光下，加上主播们漂亮的妆容、得体的衣服、精心布置的背景，会很大程度上吸引粉丝的关注，让粉丝一进直播间就会赞叹不已。

由此可见，直播间的灯光设置一定不能忽视。图 7-26 所示为直播间主体灯光的设置。

7.5.2 灯箱补光照射

如果直播间光线较暗，或是因为装修导致室内光线不充足，这个时候用柔光灯箱就能解决问题，如图 7-27 所示。

柔光灯箱一般用于摄影工作室。主播在开播时一般也会用这个补光，因为柔光灯箱照射出来的灯光是白色的，而且光线不会溢出，不会像台灯那样刺眼，更不会造成镜头曝光，照射

图 7-26　直播间主体灯光的设置

图 7-27 柔光灯箱

在人脸上自然柔和。主播们在进行直播时，一般都需要安静的环境，所以直播间都会将房间或场地密闭起来，这样灯光就会比较暗，尤其晚上更是如此。这时如果增加一个柔光双灯组合来补光（通常包含 2 个柔光罩，2 个柔光灯箱，2 个 LED 灯和 2 个灯架），主播在直播时，能极大地改善自己的肤色，显得更加靓丽。这里要注意的是柔光灯组合需放在人两边较远的地方，不要在镜头中显露出来。

7.5.3 光源类型

直播间灯光的布置可以很好地促进商品成交，并且会给店铺带来很多自然流量。为了取得良好的拍摄效果，灯光的选择是一个不可忽视的因素。直播间常用的灯光有：主光、辅助光、背光、顶光和背景光，如图 7-28 所示。直播间场地一般都不会太大，采用不同的灯光组合将产生不同的效果。

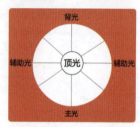

图 7-28 直播间常用灯光示意图

1. 主光

直播间主要光源，承担起主要照明的作用，可以使主播脸部受光匀称，是灯光美颜的第一步。

摆放位置：放置在主播的正面，与摄像机镜头光轴成 0°至 15°夹角。

呈现效果：从这个方向照射的光充足均匀，使主播脸部柔和，达到磨皮和美白的效果。

缺点：从正面照射，主播脸上会没有阴影，画面看上去十分呆板，缺乏立体层次感。

图 7-29 主光照射示意图

关于主光源的使用，建议使用球形灯，因为球形灯打出来的光最柔。而且建议使用显色度 96% 以上的球形灯，且把球形灯放置于主播的前中后，不建议使用环形灯和摄影灯。图 7-29 所示为直播间中主光的照射示意图。

2. 辅助光

辅助主光的灯光，增加整体立体感，起到突出侧面轮廓的作用。

摆放位置：从主播左右侧面 90°照射，左前方 45°打辅助光可以使面部轮廓产生阴影，打造脸部立体感。右后方 45°打辅助光可以使面部偏后侧轮廓被打亮，与前侧的光产生强烈反差。

呈现效果：制造面部轮廓阴影，塑造主播整体造型的立体感。

缺点：光照的亮比调节，避免光线太亮使面部出现过度曝光和部分过暗的情况。

辅助光主要是用来增强立体感，起到突出侧面轮廓的作用。使用辅助光的时候要注意避免光线太暗和太亮的情况，光度不能强于主光，不能干扰主光正常的光线效果，而且不能产生光线投影。图 7-30 所示为直播间中辅助光的照射示意图。

图 7-30 辅助光照射示意图

3. 背光

背光也称为轮廓光或逆光，光源从主播背后照射而来，能给主播画面加强气氛，获得戏剧性效果。

摆放位置：主播身后。

呈现效果：从背景照射出的光线可以使主播轮廓分明，将主播从直播间中分离出来，突出主体。

缺点：主播脸部阴影部分会失去层次细节，摄像头会产生耀光情况，也会降低主播画面的反差。

图 7-31 所示为直播间中背光的照射示意图。

4. 顶光

顶光是次于主光的光源,从头顶位置照射,给背景和地面增加照明,同时加强瘦脸效果。

摆放位置:从主播上方照下来的光线。

呈现效果:照射光线充足,能突出鲜艳的色彩,有利于轮廓造型的塑造,起到瘦脸的作用。

缺点:容易在眼睛和鼻子下方形成阴影,需要有补光灯。

顶光位置最好不要离主播位置超过两米。预算充足的直播商家,还可搭配背景光(消除背部阴影)、轮廓光(聚光灯,确保肩膀处有灯光)、主光和面光(确保人物形象饱满画质更清晰)。此外,顶光的悬挂系统还可以最大化地利用场地,人物走动亦不受影响,轨道和灯具均可滑动,时刻保持主播的灯光充足。图 7-32 所示为直播间中顶光的照射示意图。

图 7-31 背光照射示意图

图 7-32 顶光照射示意图

5. 背景光

又称为环境光,主要作为背景照明,使直播间的各点照度都尽可能地统一,起到让室内光线均匀的作用,但需要注意的是,背景光的设置要尽可能地简单,切忌喧宾夺主。最好是在直播间顶部布满。它使直播间的各点照度都尽可能地统一,起到让室内光线均匀的作用,但要注意环境光要尽量简单一些。有些直播间也使用吊灯,虽然比较浮夸,但可以增强高级感和场景感。背景光还可以使主播美颜的同时保留直播间的完美背景。一般采取低光亮、多光源的布置方法。

> **小贴士:** 各类灯光设计及配置是一个直播间必不可少的要素,每种灯光都各有其优缺点,配合使用可以取长补短。调光的过程非常漫长,需要耐心细致,找到适合自己的灯光效果。

7.5.4 主播镜头与灯光

灯光可以制造气氛和营造风格,灯光涉及的因素很多,光源、光照角度、亮度、色温这些特征的不同组合都会产生不同的效果和作用。

娱乐主播灯光设置要比商业主播的灯光设置要求更高,需注意以下几点:

1 主播的身体要正对着镜头

如果受场地环境限制,也可稍微侧身,但不要太离谱,太过于侧身,不利于和粉丝的互动,也显得不那么尊重粉丝,身体占视频画面的一半为宜。

2. 脸部占画面的四分之一或五分之一为佳

太靠近摄像头会显得脸大,而且脸上瑕疵会很轻易地显现出来,离得太远也不合适,看不到屏幕上与粉丝互动的文字。

3. 身体上半身要出现在画面的中心

有些主播为了制造神秘感,仅仅只露出半张脸,偶尔这样也无可厚非,长时间这样的话,粉丝会失去耐心。当然,如果觉得侧脸好看,可以把镜头稍微调偏一些,但不宜过偏。

7.5.5 直播间布光方案与技巧

一个好的直播间除了适当的装饰和合理的布局外,最重要的就是"灯光"。好的灯光布局具有 3 个用途。

- 有效提升主播整体形象；
- 展现品牌和产品的高光亮点；
- 改变直播氛围。

下面介绍几种直播间常见的布光方案供大家参考。

1. 一灯布光方案

在直播间里，有一类十分受欢迎的灯光器材，它就是环形灯。

图 7-33　使用环形灯的直播间一灯布光方案

一灯方案中，使用环形灯作为主灯。环形灯光效均匀柔和，从各个方向将柔光打到脸上，达到瘦脸、补光、美颜效果。最重要的是能在主播的眼睛里反映出环形亮斑，俗称"眼神光"。操作简单快捷，还可以调节色温和亮度来控制冷暖光。图 7-33 所示为使用环形灯的直播间一灯布光方案。

> **小贴士**：如果想让主播看起来脸小，灯光放置在主播正前方，灯高于主播 15cm 左右，主播与灯的距离约 1 米，适当垫高灯的后脚，使灯光向前下倾斜一定的角度照射，这样可以使主播的脸显小。

2. 二灯布光方案

环形灯在直播间的应用非常广泛，不过当直播范围不再局限于主播的脸部时，一盏灯光显然是不够用的。通常情况下，在美食或珠宝等产品类的直播间，就可以适当增加一个光源，变成双灯方案。

图 7-34　使用二灯方案的直播间效果

这时候，主灯也不局限于环形灯，可以有更多的选择。双灯组合可以根据直播的需要进行搭配。推荐几款产品：如南光 LED 平板摄影灯 CN-T200、金贝（JINBEI）EFP50 摄影灯直播补光灯、神牛摄影灯 LEDP120C、金贝 JB260 灯架 +65°球形柔光罩等产品。

图 7-34 所示为使用二灯方案的直播间效果。

3. 三灯布光方案

当直播间需要"全身直播"，尤其是服饰类、拉杆箱、家具、舞蹈等，这样的直播间布光方案就需要升级了，可以考虑使用三灯及以上组合。

图 7-35　三灯方案的直播间效果

例如，图 7-35 所示的三灯方案的直播间效果。

1 号灯位：M3 灯架 +EF150+M1200 八角柔光箱，主灯使用 M1200 八角柔光箱照亮模特头发和面部，并且充当眼神光。

2 号灯位：JB260 灯架 +65 度球形柔光罩，模特右前侧补光，包围补光充当一定环境光。

3 号灯位：DDJ20 地灯架 +M70X100 柔光箱，打亮模特腿部，充当眼神光。

4. 四灯布光方案

全场景直播，可以考虑使用四灯方案。例如，图 7-36 所示的四灯方案的直播间效果。

1号灯位：M3 灯架＋EF150＋M1200 八角柔光箱，主灯使用 M1200 八角柔光箱照亮模特头发和面部，并且充当眼神光。

2号灯位：JB260 灯架＋EF150＋M70×100 柔光箱，充当模特右前侧轮廓光。

3号灯位：JB260 灯架+65 度球形柔光罩，模特右前侧补光，包围补光充当一定环境光。

图 7-36　四灯方案的直播间效果

4号灯位：JB260 灯架＋EF150＋M70×100 柔光箱，充当模特左侧轮廓光。

5. 五灯布光方案

当直播时间久了，所需场景空间越来越大。大型直播间的灯光主要有主灯、补光灯、轮廓光、顶光、环境光，确保人物形象饱满，画质更清晰。

例如，图 7-37 所示的五灯方案的直播间效果。

1号灯位：M3 灯架＋EF150＋M1200 八角柔光箱，主灯使用 M1200 八角柔光箱照亮模特头发和面部，并且充当眼神光。

图 7-37　五灯方案的直播间效果

2号灯位：JB260 灯架＋EF150＋M70×100 柔光箱，充当模特右侧轮廓光。

3号灯位：JB260 灯架＋EF150＋M70×100 柔光箱，充当模特左侧轮廓光。

4号灯位：JB260 灯架＋65cm 球形柔光罩，模特右前侧补光，包围补光充当一定环境光。

5号灯位：JB260 灯架＋65cm 球形柔光罩，模特左前侧补光，包围补光充当一定环境光。

采用五灯布光方案的优势是：在全场景直播中，主播的动作幅度大也能均匀受光。

7.6　直播平台的特点与要求

直播需要跟直播内容相挂钩，所以按照直播内容选择直播平台最为合适。本节总结了目前多个主流直播平台各自特点以及要求和运营要点，给需要了解直播的朋友作为参考。

7.6.1　淘宝直播

淘宝主播前期需要进行囤积粉丝的过程，在粉丝和知名度达到一定量级之后，才引发销量的提升。在淘宝进行直播，最好有一个固定的时间段，每次直播完之后可以将直播要点发布在微淘里，进行二次沉淀。

【关键词】人带货。

【直播条件】在淘宝平台中进行直播，可以使用个人、店铺或者直播代运营机构这 3 种身份进行直播，每种身份开通直播的条件如下。

1. 个人（非商家身份）

- 淘宝达人账号层级达到 L2 级别（若还不是淘宝达人，建议先申请入驻达人）；
- 需要有较好的控场能力，需要口齿流利、思路清晰，与粉丝互动性强，因此需要上传一份主播出镜的视频，充分全面地展现自己，视频大小不要超过 3MB，因为目前系统只支持 1 分钟左右；
- 通过新人主播基础规则考试。

2. 个人店铺和企业店铺

- 淘宝店铺满足一钻或一钻及以上（企业店铺不受限）；

- 主营类目在线商品数≥5 种，且近 30 天店铺销量≥3 件，且近 90 天店铺成交金额≥1000 元；
- 卖家须符合《淘宝网营销活动规则》；
- 本自然年度内不存在出售假冒商品违规的行为；
- 本自然年度内未因发布违禁信息或假冒材质成分的严重违规行为扣分满 6 分及以上；
- 卖家具有一定的客户运营能力；
- 符合直播推广类目的商家才能入驻。

3. 淘宝直播代运营机构

淘宝 MCN 是指有淘宝认证资格的专业机构，淘宝希望通过与 MCN 合作，共同培育建设优质的达人账号和内容，促进消费升级，提升内容价值，共建国内最大的内容＋电商生态体系。

机构公司资质要求：

- 企业必须为独立法人，有固定办公场地，且为一般纳税人资质或者小规模纳税人资质；
- 公司有一定的优质达人资源和市场策划及宣传能力；
- 公司注册资金大于等于 50 万元。

考核要求：

- 新手期：自成功入驻之日起 90 天内，成功引入达人数不低于 5 个；引入达人中至少有 5 人每人发布 3 个内容。
- 正式期：成功入驻 90 天后，以自然月为考核期，签约达人数≥5 个（直播机构需要满足至少签约 5 个有浮现权的主播），签约达人月活跃率≥70%（月活跃率＝活跃达人数/签约达人总数，自然月内至少发布 10 个有效内容视为活跃达人，直播机构的开播率需≥70%）。

淘宝直播机构入驻对淘宝账号的要求：

- 账号需要绑定支付宝，并通过支付宝实名校验；
- 实名认证必须为企业账号，通过企业认证；
- 账号身份必须是非在线卖家店铺账号，若是在线卖家请更换账号（申请"导购直播管理"角色的企业和机构，允许卖家账号入驻）；
- 账号所有者的身份主体需要与绑定的支付宝保持一致；
- 账号所有者的身份主体只允许开通一个机构账号。

选择需要入驻的角色类型：

登录后需要选择入驻的角色类型。目前机构后台分为 8 个角色类型，请选择符合公司业务发展的 1 个类型进行入驻。

- MCN 机构：提供 UGC、KOL、红人、明星、自媒体等达人孵化服务。
- 商家直播服务商：为淘宝、天猫店铺提供直播代播、代运营托管、直播培训等商家直播服务。
- 档口直播服务商：为线下档口商家提供直播能力培训和运营支持。
- 导购直播管理：线下品牌、经销商及第三方机构，管理导购直播服务。
- 村播服务：为新农人提供直播能力培训、运营孵化。
- PGC 专业内容及制作机构：电视、媒体、制作公司、传播公司等。
- 整合营销机构：提供整合营销能力的公司。
- 直播供应链基地：自有品牌、供应链、工厂资源，能够为机构、主播提供货品支持。

【直播软件】手机端：淘宝主播；PC 端：淘宝直播。

【商品来源】淘宝、天猫。

【热门品类】服装、珠宝、美妆个护等。

【运营要点】

- 维护好老客户，再考虑吸纳新客户；

- 注重主播 IP 打造。

【收益方式】淘宝直播没有直接的收益，只能获得直播分值奖励。在盈利方面需要先拥有自己的店铺，自己为自己带货，或是与商品卖家协商订单销量提成。

7.6.2 京东直播

在京东大数据研究院发布的《2019 年终消费趋势报告》中提到，在经历品牌、品质消费之后，目前消费者对产品选择不断向外观、颜色等品位消费方向倾斜。"热衷有态度的品牌""热衷新鲜事物""愿为幸福感买单"已成为京东消费群体的关键词。

报告中显示，通过互联网的传播优势，京东上不同领域的长尾、小众市场逐渐扩大。如宠物零食的成交额破亿，增长超过了 100%。

【关键词】品位消费、长尾市场。

【直播条件】PC 端直播资料提交；直播申请；站内、外粉丝数 ≥ 20000 人。

【直播软件】手机端：京东视频；PC 端：京东内容开放平台。

【热门品类】日用、家电、食品、数码等。

【运营要点】

- 品牌必须有自己的态度；
- 消费群体对于新产品购买率较高。

7.6.3 拼多多直播

拼多多直播扩散方式是依靠用户裂变形成的。拼多多对于直播的扶持与裂变息息相关。比如直播首秀只要三位好友组团就能获得直播商品的五折优惠券，组团看直播可以获得拼团低价。从其直播活动来看，直播主要流量不仅依赖于自身用户，更是想要吸纳外部的用户群体。

【关键词】用户裂变。

【直播条件】填写直播申请资料，并缴纳 2000 元店铺保证金。

【直播软件】手机端：拼多多商家版。

【热门品类】水果、食品、生活用品等。

【运营要点】

- 合理利用平台活动进行用户裂变；
- 拓展产品宣传渠道。

7.6.4 抖音直播

抖音核心玩法在于内容的输出。一直以来抖音都想为用户打造沉浸式体验，所以抖音对优质内容的流量扶持力度更大。

在对于直播流量的获取上，彰显用户体验的互动行为成为了抖音流量倾斜的标志。直播上互动、打赏一系列用户行为都可以为直播增加热度，也可以增加直播曝光量。

【关键词】内容。

【直播条件】实名认证；个人主页视频数（公开且审核通过）≥ 10 条；账号粉丝量 ≥ 1000。

【开通购物车条件】开通商品橱窗，发布 10 条视频，粉丝数大于 1000；开通橱窗后，自动解锁购物车功能。（抖音个人直播带货需要缴纳 500 元推广保证金，申请抖音小店须提交相关资质。）

【直播软件】手机端：抖音；PC 端：OBS。

【商品来源】鲁班电商、淘宝、京东等。

【热门品类】女装、美妆、护肤、食品等。

【运营要点】

- 利用短视频为账号引流，再用直播或橱窗带货；

- 以内容输出为核心。

7.6.5 快手直播

快手直播"打赏＋带货"两种形式并行,快手直播电商主要针对下沉市场,所以快手规则少,卖货短平快,用户多样化。快手对于直播的限制特别宽泛,反私有化行为较为明显。如快手默许主播将粉丝导向个人微信、微博。

【关键词】下沉市场。

【直播条件】实名认证。

【开通购物车条件】开通快手小店,快手小店开通后,自动解锁购物车权限。

【直播软件】手机端:快手;PC端:快手直播伴侣。

【商品来源】快手小店、有赞、淘宝等。

【热门品类】食品饮料、美妆、家居日用等。

【运营要点】
- 将平台粉丝和消费群体转化为私域流量;
- 选择热门产品进行销售。

7.6.6 微博直播

目前微博直播没有较大的展现路径,仅能发布微博进行直播开播提醒以及视频栏会提示关注的博主正进行直播。但直播界面可以使用购物车添加淘宝商品链接,也可以进行用户打赏。

微博直播与微博前端是互通的,可以与前端粉丝相关联。博主可以将直播作为一个与粉丝联系的手段和转化的渠道。

【关键词】转化渠道。

【直播条件】实名认证。

【开通购物车条件】微博加V。

【直播软件】手机端:微博。

【商品来源】淘宝等。

【热门品类】女装、美妆个护、食品等。

【运营要点】
- 对微博进行运营,用内容吸引用户成为微博粉丝;
- 再利用直播进行流量转化。

7.6.7 西瓜视频

西瓜视频是多元文化的综合视频平台,拥有以短视频、超短视频、长视频和直播组合成的内容矩阵,是KOL孵化的优质平台。如美食作家王刚和华农兄弟,均是西瓜视频孵化的出圈素人。

西瓜视频在定位上以泛娱乐为发展要点,垂直内容次之,目前网站6成左右的份额属于泛娱乐内容。

【关键词】泛娱乐。

【直播条件】实名认证。

【直播软件】手机端:西瓜视频;PC端:西瓜直播伴侣。

【商品来源】小店、淘宝、京东等。

【热门品类】水果、食品、服装等。

【运营要点】
- 内容简单化、垂直化、娱乐化;

- 专业知识、科普类、文化艺术类内容在用户的内容消费诉求下,有很大的蹿红空间;
- 内容专业性强、有特色的小众领域,粉丝黏性高,变现潜力巨大。

7.6.8 小红书直播

目前小红书月活量已超过 1 亿,每天有约 30 亿的笔记曝光量。小红书直播开启之后,最初的直播内容以博主与粉丝进行互动、分享为主。如今小红书转变直播思路,将直播重点转移到电商上。

小红书直播后续发展将以笔记+直播双向种草为核心,同时直播也将成为用户"拔草"的转化渠道。

【关键词】拔草。
【直播条件】实名认证。
【开通购物车条件】目前仅限官方邀请。
【直播软件】手机端:小红书;PC 端:小红书电脑直播助手。
【商品来源】官方自营。
【热门品类】美妆、时尚、文化、美食等。
【运营要点】
- 选择热门品类进行带货,自有种草笔记为产品宣传曝光;
- 可以利用笔记为产品宣传推广。

7.6.9 BiliBili 直播

在 24 岁及以下的年龄区间内,头部直播平台中,B 站有最高的占比。此类用户无视电商规则,更注重商品价值与服务,且不局限于实物消费,对于虚拟物品的消费水平较高。且 Z 世代群体更注重消费体验,并且愿意为自己的喜好买单。

【关键词】Z 世代。
【直播条件】实名认证。
【直播软件】手机端:BiliBili;PC 端:BiliBili 直播姬。
【热门品类】娱乐单机、网游、手游、电台、二次元分区等。
【运营要点】
- B 站没有购物车选项,也没有转化路径,如需带货只能在直播内容中植入软广或广告图;
- 站群体适合进行有价值的内容输出,适合进行教学类垂直内容直播,再进行课程出售。

7.6.10 知乎直播

知乎是一个强调知识分享、信息传播的平台,直播也同样带有鲜明的平台烙印。知乎的直播板块拓展依旧是以如何产生更多知识、如何提高用户交流效率为主要逻辑。

直播选题和内容质量决定了粉丝活跃度、黏性和留存,有利于账号主体实现流量转化。

【关键词】垂直行业。
【直播条件】实名认证。
【开通购物车条件】开通好物推荐(在"知乎 App"上搜索"知乎好物推荐"),开通好物推荐要求是:需要关联京东 PID、淘宝 PID,创作等级 2 级以上,过去 3 个月未有违反《知乎社区管理规定》行为等条件;仅限个人账号,不支持机构申请。
【直播软件】手机端:知乎;PC 端:OBS。
【商品来源】淘宝、京东等。
【热门品类】文化知识等。

【运营要点】
- 直播内容的深度和价值决定了用户关注度；
- 采用辩论话题直播更具讨论性，能引发内容的二次创作；
- 知乎的转化渠道以好物推荐、商品橱窗、直播打赏、Live 讲座为主。可以将直播与问答、专栏关联起来，将粉丝囤积到账号上，再进行转化。

7.6.11 考拉海购直播

考拉海购一直经营跨境电商业务，伴随直播电商和短视频的兴起，考拉海购开始进军直播电商和短视频行业。

考拉海购的用户群体以 18～35 岁女性为主，对优质的直播内容有高度敏感性。且考拉海购目前缺少破圈的头部 KOL 和爆款内容的打造，所以考拉海购对于优质内容制造和个人 IP 打造的扶持力度非常大。

【关键词】跨境电商。
【直播条件】考拉海购直播平台邀请入驻的用户；MCN 机构可添加考拉海购管理人员钉钉进行申请。
【直播软件】手机端：考拉海购。
【商品来源】考拉海购。
【热门品类】母婴、美妆个护、生活日用等。
【运营要点】
- 直播产品购买过程，为产品真实性进行背书；
- 可以选择输出探索产品原产地和产业带等内容；
- 主要产出女性群体感兴趣的关键词的垂直内容。

7.6.12 蘑菇街直播

直播对于蘑菇街来说是一个自救手段，也是蘑菇街最大规模战略转型。所以对于参与直播的主播和商家，蘑菇街都给予最大的扶持力度，并推行"全程服务、佣金双免、无保证金、无须入驻"等多项优惠举措，来促进直播产业发展，帮助商家与自身提振销售、度过危机。

【关键词】扶持力度。
【直播条件】实名认证。
【开通购物车条件】在主播小店中填写申请。
【直播软件】手机端：蘑菇街。
【商品来源】蘑菇街。
【热门品类】女装、鞋靴、箱包、彩妆等。
【运营要点】
- 目前是 MCN 机构和个人主播入驻蘑菇街的好时机；
- 目前蘑菇街对直播扶持力度较大，积极参与蘑菇街相关活动，能够获得蘑菇街流量倾斜。

7.7 本章小结

直播是一种全新的销售渠道，通过直播与短视频的方式，实现虚拟现场解说与产品相结合的模式来服务粉丝群，相比到店消费，消费者不再局限于本地，黏性更大。通过对本章内容的学习，希望能够理解有关电商直播的概念，并掌握电商直播间装饰设计与灯光设计的方法与技巧。